Le bébégraphe

Les Arènes,
17-19, rue Visconti, 75006 Paris
Tél. 01 42 17 47 80
arenes@arenes.fr
www.arenes.fr

Clara Dealberto et Jules Grandin

Le bébégraphe

150 infographies utiles et drôles sur les douze premiers mois de la vie de bébé

Les Arènes

La fabrique du *Bébégraphe*

Le 16 mars 2020, Emmanuel Macron s'adresse aux Français et explique que « nous sommes en guerre ». De notre côté, nous sommes plutôt… les plus heureux du monde !

Notre fille est née la veille, le 15 mars, sept jours avant la date prévue et deux jours avant le début du premier confinement, peut-être pour connaître le monde d'avant. Celui-ci partait sévèrement en sucette et nous nous demandions comment nous allions gérer seuls notre premier bébé, puisque les visites de la famille n'étaient plus d'actualité.

Passés brusquement du statut de vieux jeunes en *hoodie* à celui de jeunes vieux en *hoodie*, nous entamions ensemble un nouveau chapitre, voire une nouvelle partie de notre vie, non plus à deux mais bien à trois.

Nous sommes restés deux mois confinés ensemble dans notre appartement, et le bonheur était total.

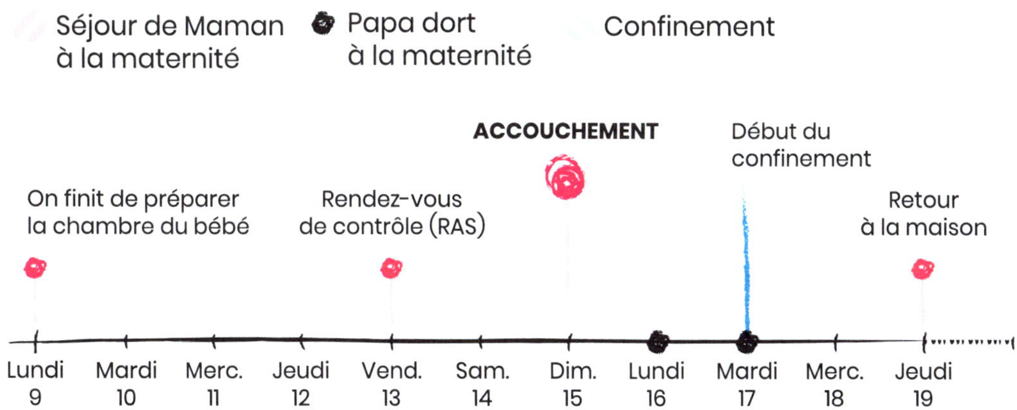

Nous, c'est Clara et Jules. Nous avons écrit ce livre à quatre mains : nous nous sommes rencontrés il y a douze ans, et depuis que nous nous connaissons, nous avons toujours aimé créer ensemble. D'abord des photos et des illustrations, alors que nous étions encore étudiants en prépa littéraire et pensions plus à nos dissertations qu'à l'information visuelle. Puis des cartes et des graphiques, des infographies, toutes sortes de visuels qu'on postait sur des blogs ou les réseaux sociaux.

Après nos journées d'étudiants, nous passions nos soirées et une partie de nos nuits à dessiner, numériser, tracer. Nous n'avons pas vraiment arrêté depuis.

Nous avons tous deux, par des chemins différents (un master de cartographie pour Jules, les Beaux-Arts de Rennes pour Clara), rejoint la presse quotidienne : Jules au *Monde* puis à la tête du service infographie des *Échos*, Clara au *Monde* puis à *Libération*.

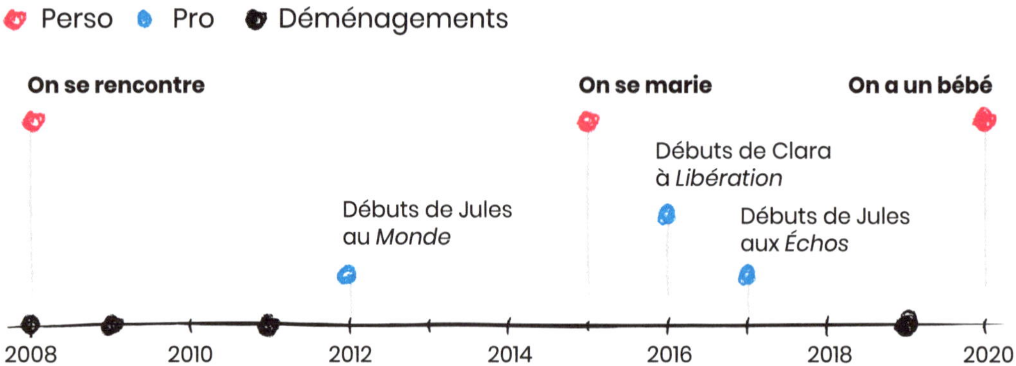

Nous sommes tous les deux persuadés que l'information visuelle peut se mettre au service de tous les sujets et de toutes les disciplines. Des cartes géopolitiques, des graphiques économiques, certes.

Mais ce qui nous passionne, ce sont les domaines moins évidents pour l'information graphique. Musique, littérature, séries… Nous avons ainsi passé un certain nombre de nuits à compiler des morceaux de hip-hop dans toutes les langues et de tous les pays du monde pour les rendre accessibles en ligne, sur un globe interactif (le projet « Global Hip-Hop »). Passé des week-ends entiers à relire *Les Liaisons dangereuses* pour les visualiser sous forme d'affiche. Compté les mots dans des chansons. Créé un générateur de pays imaginaires.

Nous avons publié tous ces projets sur les réseaux sociaux, sous nos noms ou « Goum Prod », notre avatar bicéphale. C'est un peu notre cour de récréation personnelle qui nous permet de nous aérer les idées après le travail. Certains sortent bien de bon matin pour courir seul histoire de se changer les idées. Nous, notre truc, c'est plutôt les graphiques, la nuit.

Énergie consacrée à…

Alors bien sûr, difficile pour nous de passer à côté de quelque chose d'aussi mesurable (et mesuré !) que la grossesse et l'arrivée de notre enfant ! Beaucoup de chiffres, de dates, d'intervalles de confiance... Pour *Le Bébégraphe*, l'histoire a donc commencé comme pour les autres projets : juste une idée, comme ça, lancée par l'un de nous deux – on ne sait plus vraiment lequel – alors qu'on faisait à manger ou qu'on buvait un café. Impossible de se rappeler quand exactement, mais ce qui est sûr, c'est que l'idée nous est venue assez rapidement, bien avant la naissance.

Nous sommes donc tombés d'accord tous les deux : il y avait vraiment quelque chose à faire sur le sujet. Contents de nous-mêmes et heureux d'avoir trouvé une bonne idée, nous l'avons rangée dans notre secrétaire à idées mental, puis n'en avons plus parlé pendant des mois. Ce secrétaire est plein comme un œuf, et ses tiroirs débordent. Certaines idées traînent là depuis des années, d'autres viennent juste d'être déposées et sentent encore bon le neuf. De temps à autre, nous faisons ensemble un petit inventaire de ce secrétaire à idées, nous en sortons un projet, le dépoussiérons si besoin et nous y attaquons.

Répartition des idées par type

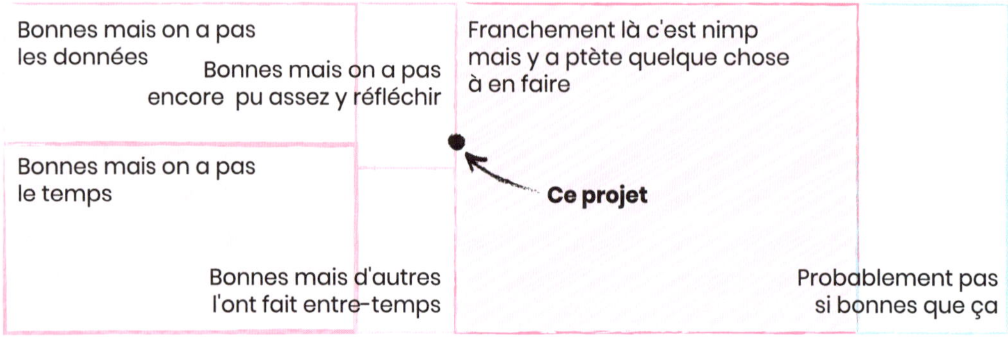

Le Bébégraphe a passé plusieurs mois dans ce meuble virtuel. Nous en avons parlé quelquefois pendant ces mois d'attente, mais, allez savoir pourquoi, nous n'avons pas trouvé le temps, entre la grossesse et notre déménagement, d'établir ne serait-ce que le début d'une charte graphique.

Dès les premiers jours de vie d'un nourrisson, les données entrent en jeu. Qualitatives d'abord : le sexe, la couleur des cheveux, la couleur des yeux ou de la carnation. Le type de groupe sanguin. Les résultats de toute une batterie de tests. Puis viennent les données quantitatives : la taille, le poids. La quantité de lait ingérée. D'heures dormies. De couches changées. La température idéale de l'eau pour le bain. Des sages-femmes et des infirmières que nous n'arrivons absolument pas à différencier les unes des autres (l'uniforme ET le masque) nous bombardent de conseils, de maximes, de directions et d'informations que nous nous empressons de consigner.

Dans les jours suivant l'accouchement...

D'un coup, le projet de faire un suivi quantitatif de notre bébé nous apparaît non plus uniquement comme une bonne idée infographique, mais aussi comme une bonne idée tout court. En dormant environ trois heures par nuit, tendus comme des cordes à linge et excités comme des puces, on n'a pas une mémoire des chiffres incroyable.

Difficile pourtant de se lancer dans un projet data dans les premiers jours suivant la naissance ! En revanche, on note tout.

D'abord en nous envoyant des texto cryptiques : « Bib 90 ml 20 h 30 », « Pipi 7 h 25 », « Caca 16 h 12 ». Au bout de deux semaines, chacun de nos échanges de textos est entrecoupé de ces messages télégraphiques qui ne facilitent ni ne rendent plus agréable la conversation, aussi nous décidons de créer des boucles WhatsApp dédiées (l'une aux biberons, l'autre aux couches, les deux trucs importants à surveiller quotidiennement).

Nous nous retrouvons donc à collecter de la donnée, d'autant qu'on pèse aussi régulièrement cet enfant et qu'on note ses heures de sommeil et de réveil.

Trois semaines après l'accouchement, nous commencions à retomber sur nos pattes émotionnelles et, un soir, nous nous disons que si on veut faire ce projet, c'est maintenant ou jamais. On a des idées, des données, du temps pour y réfléchir quand on se lève à 3 heures du matin pour donner un biberon. Bref, il va falloir soit se lancer, soit y renoncer.

L'un de nous (on ne balancera pas qui, c'est un secret !) hésite au dernier moment et se demande si c'est vraiment une bonne idée de s'inventer des choses à gérer avec un nouveau-né à la maison. L'autre le convainc : ce serait trop dommage. Alors on va chercher des feuilles de papier et on commence à faire quelques croquis pas très convaincants, avant d'aller se coucher parce qu'on est quand même crevés.

Mais la machine est lancée, et le lendemain au réveil, on ne parle déjà plus que de ça.

Évolution de la motivation de Maman et Papa sur le projet

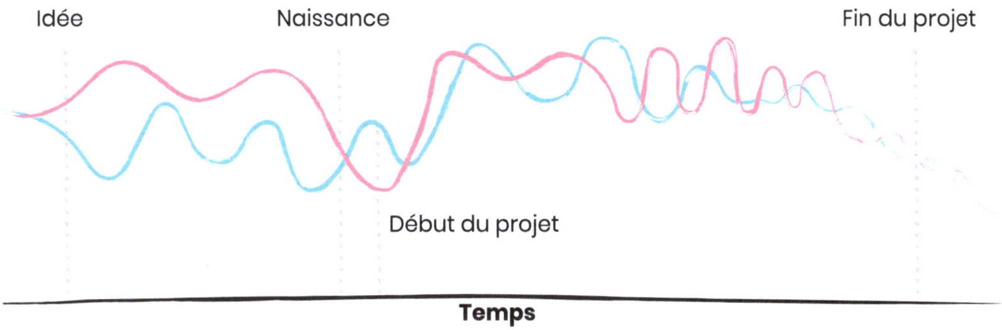

Il faut faire une charte graphique, trouver des couleurs, une typo, un format. Le nom vient vite, mais il faut créer des comptes réseaux sociaux, faire la liste des idées qu'on a et puis commencer à s'y mettre. En deux jours, on réalise une petite dizaine d'infographies qui nous permettent de mettre le style en place.

À ce moment-là, le bébé n'a pas encore 1 mois, on ne peut pas le lâcher d'une semelle – littéralement. Si on la pose, elle pleure. Si on la laisse seule, elle pleure. Ordinateurs portables sur les genoux, on travaille donc directement dans notre lit, en observant l'objet de notre étude qui dort paisiblement (pas tout le temps, ce serait mentir, mais souvent) en schlippant sur sa tétine (oui, le verbe « Schlipper » existe, il est tiré du mot du jour « Schlp » de la page 48).

Il nous est même arrivé de la voir faire quelque chose en direct, posée sur le lit juste devant nous, de noter immédiatement l'idée et de la mettre en forme dans la foulée. Avoir la source des données sous la main constamment, c'est quand même pratique !

Ce qui est marrant, c'est que la plupart des idées de graphiques que nous avions avant de nous lancer dans le projet étaient basiques. Bien sûr, on avait l'idée de compter les biberons, les kilos qui montaient, les cacas, les pipis et les heures de sommeil. Une sorte de projet de « quantified self » pour bébé. Mais finalement, ce n'étaient pas les idées les plus intéressantes. D'ailleurs, il existe – on s'en est rendu compte plus tard – bon nombre d'applications qui permettent justement aux jeunes parents de noter les horaires de biberons, des couches, etc., afin d'en avoir une vision claire.

C'est notre bébé qui nous a donné les idées les plus décalées, et c'est la voir vivre vingt-quatre heures sur vingt-quatre qui nous a permis de nourrir le projet du *Bébégraphe*. Ça nous a aussi permis d'avoir une attitude très positive quant à bon nombre de sujets et/ou d'épreuves. Quand on passe quasiment une heure à installer le siège bébé pour la première fois, que le rire nerveux est tout ce qui nous reste et qu'on est à un rien de sombrer dans la folie, c'est toujours rassurant de savoir qu'on pourra en faire un graphique (cf. page 68). Quand elle hurle pendant quarante minutes sans interruption, on peut se dire que ça fera une bonne infographie ; on a le temps de se rendre compte qu'il y a un schéma de cri qui se répète (cf. page 63). Combien de fois nous sommes-nous dit : « Au moins, ça nous fera un bon graphique ! »

Mais ce qui a vraiment changé la donne, c'est la communauté qui s'est rassemblée sur les réseaux sociaux autour de ce projet.

Dès les premiers graphiques, nous avons croulé sous les messages pleins de gentillesse, de nos amis et connaissances bien sûr, mais de plus en plus souvent de la part d'inconnus. Et lorsqu'on élève son premier enfant et qu'on se pose plein de questions, c'est toujours rassurant d'avoir des retours d'expérience !

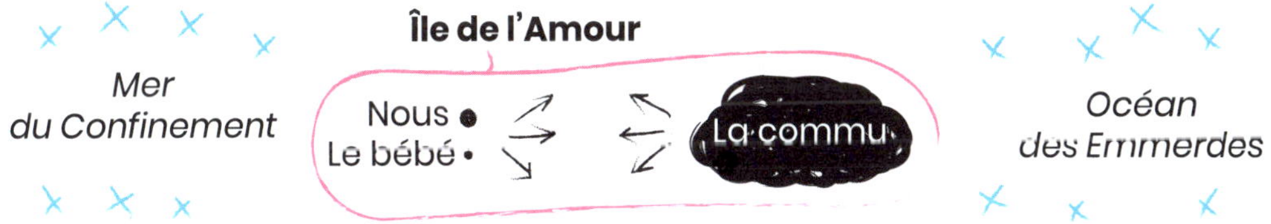

Nous avons reçu des commentaires qui nous disaient : « C'est exactement pareil chez nous ! » et qui nous permettaient de savoir que nous n'étions pas les seuls dans cette galère. D'autres nous donnaient des conseils ou partageaient leur propre expérience, parfois différente. À chaque fois, cela a nourri nos discussions et notre façon de faire, nous a rassurés ou questionnés. Ça a pu aussi nous donner des idées de thèmes.

Nous avons aussi voulu dédramatiser certains sujets ou en aborder d'autres plus difficiles, comme le passage d'un projet d'allaitement vers le biberon (cf. page 23).

D'une manière générale, lorsqu'on lance un projet sur Internet, c'est toujours plus agréable lorsqu'il fonctionne et que les gens s'y reconnaissent. Quand en plus c'est sur un sujet aussi personnel (et universel à la fois), ça vous touche particulièrement.

Il serait faux de dire que maintenir ce projet pendant un an n'a été qu'une partie de plaisir ; ça nous a demandé beaucoup de réflexion, de travail (jusque tard dans la nuit) et de temps de réalisation.

La conversation WhatsApp dans laquelle nous notons toutes les idées qui nous passent par la tête compte des centaines de messages. Nous avons eu un cahier, dans lequel nous notions les idées d'infographies que nous avions. Nous l'avons abandonné, puis repris.

Entre les moments de fatigue, la vie professionnelle et les différents confinements et couvre-feux, nous avons parfois pris des pauses de plusieurs semaines qu'il n'a pas été facile de rattraper. Mais on s'y remettait toujours avec grand plaisir. Après tout, nous construisions l'album de naissance de notre fille : prenant, mais unique, comme elle.

À nous voir tous les deux accroupis dans notre salon, un soir de janvier 2021, alignant minutieusement cent cinquante feuilles imprimées de papier A4, les déplaçant, les tournant et les retournant, on aurait pu penser que nous étions soit un peu bizarres, soit très organisés. En fait, c'était un peu des deux. En mettant dans l'ordre ces infographies, c'était notre premier livre qui prenait forme sous nos yeux, mais aussi tous les souvenirs de la première année de notre enfant qui se déployaient devant nous. L'aboutissement d'une année plutôt remplie.

Aujourd'hui, voir ce projet publié en livre – notre premier, lui aussi – est une très grande fierté. Il n'y a pas si longtemps, on en parlait juste entre nous le soir sur notre canapé. Aujourd'hui, le résultat est entre vos mains. Bonne lecture !

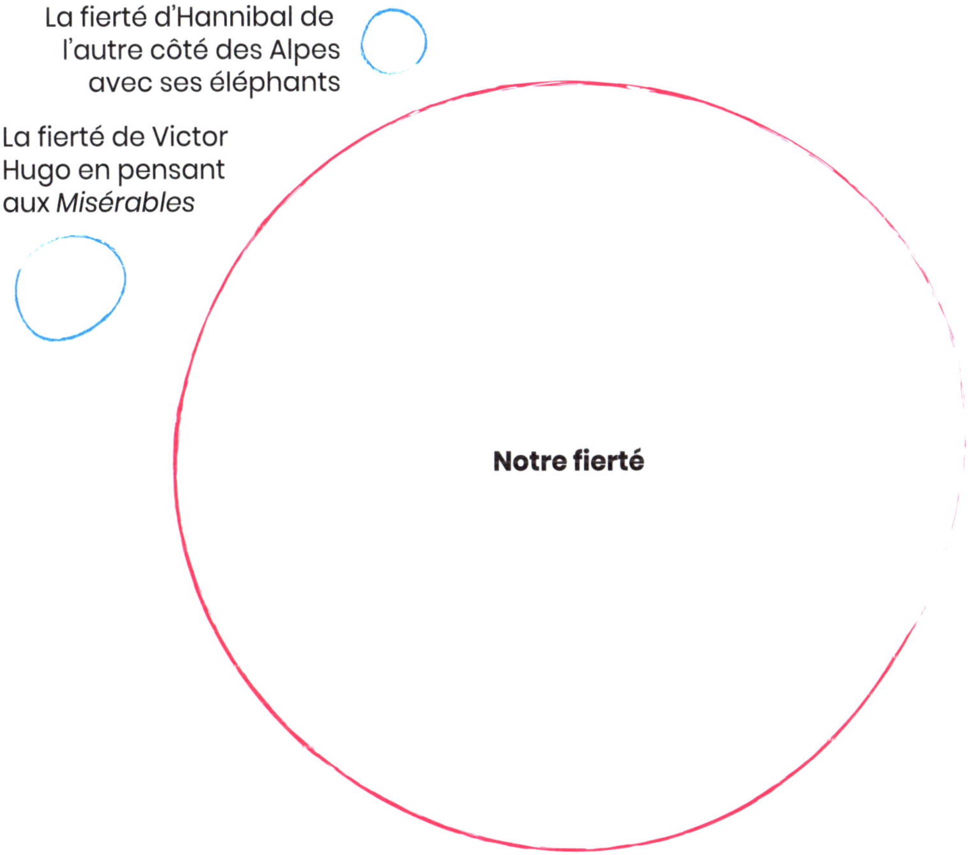

Après des mois de réflexion et des heures de conversation, nous avons finalement décidé de ne pas mentionner le prénom de notre fille dans ce livre. C'est dommage car il est vraiment très beau, mais on préfère lui laisser le choix, plus tard, de révéler elle-même que les sourires comptés dans ce livre sont les siens.

Sommaire

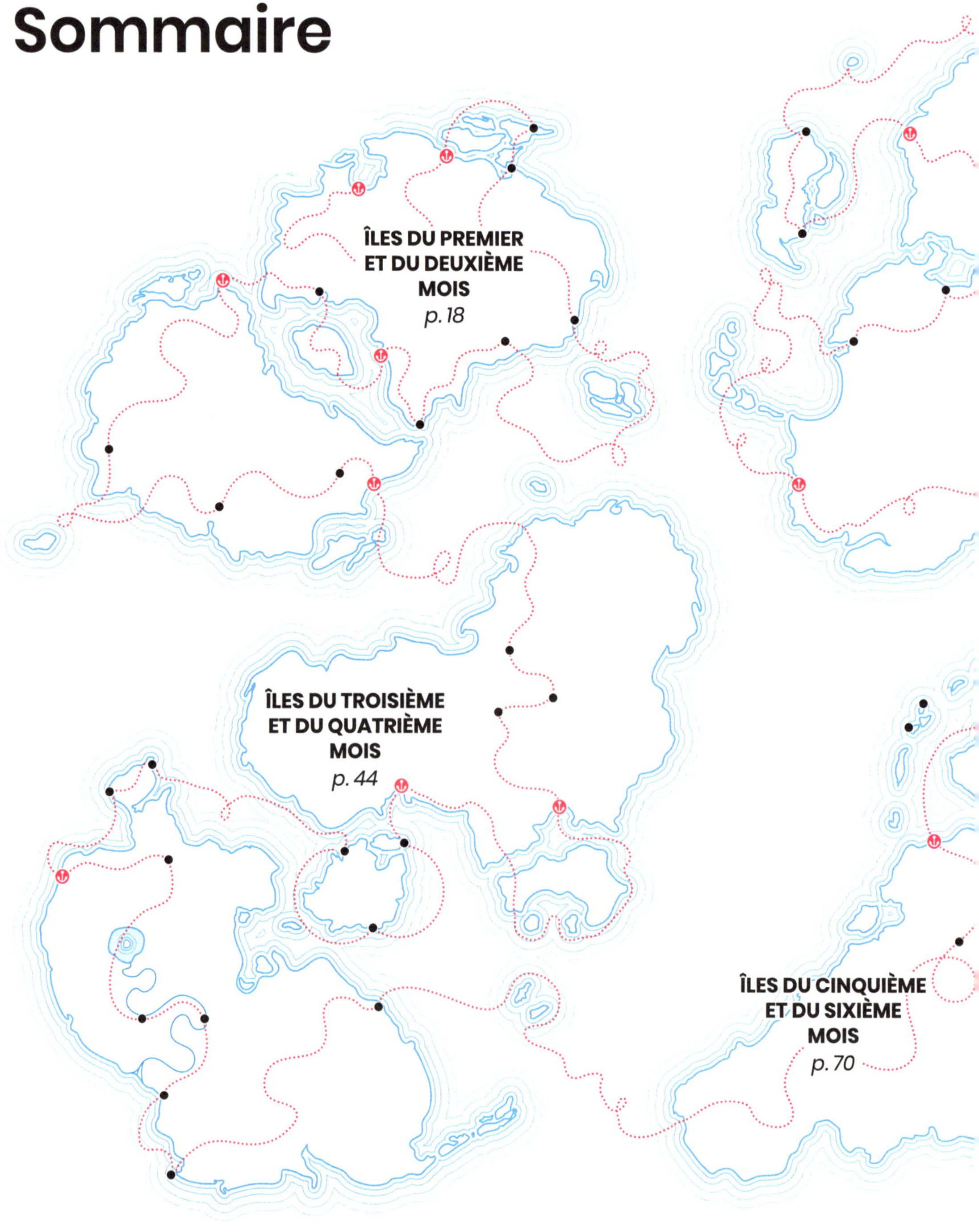

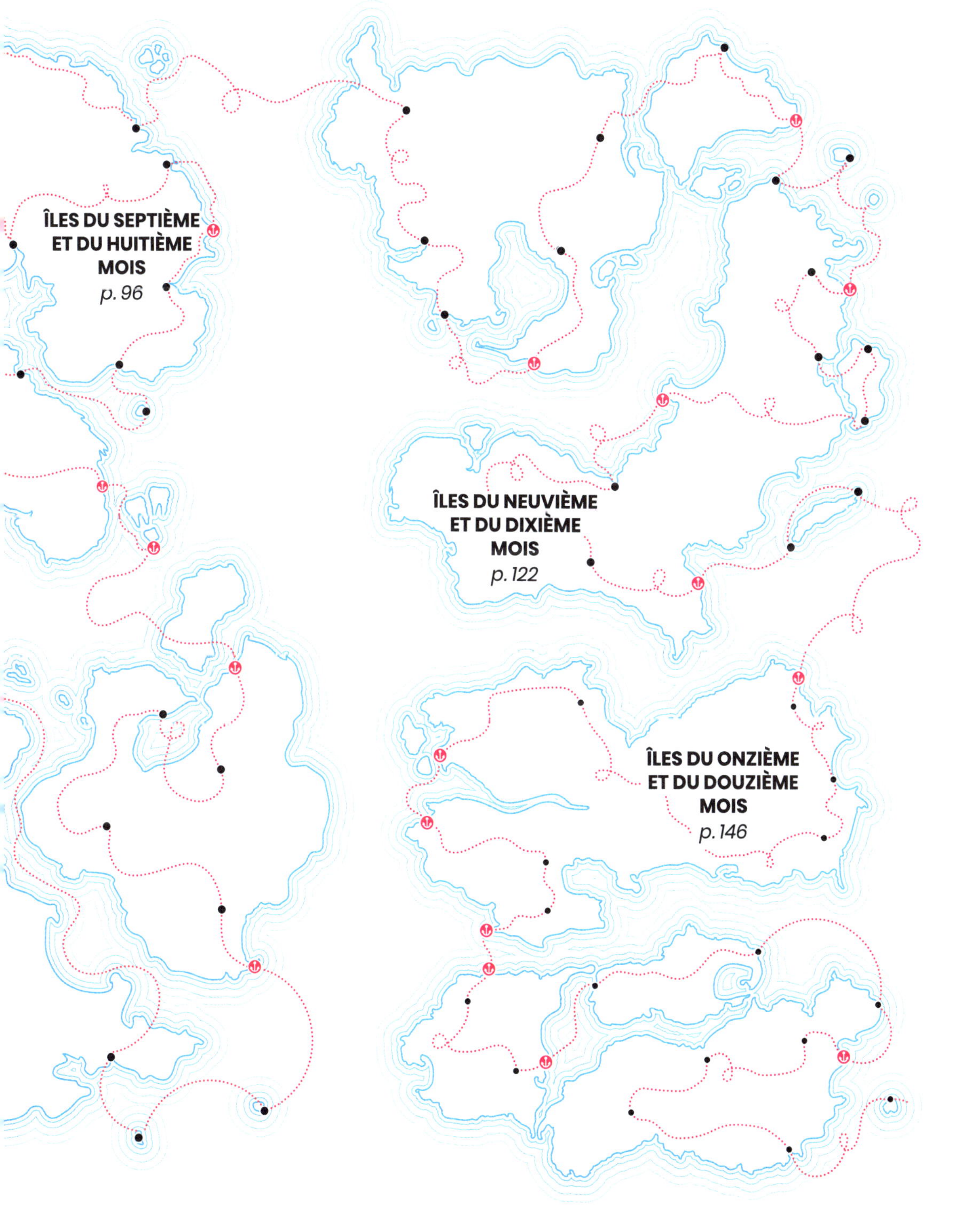
ÎLES DU SEPTIÈME ET DU HUITIÈME MOIS
p. 96
ÎLES DU NEUVIÈME ET DU DIXIÈME MOIS
p. 122
ÎLES DU ONZIÈME ET DU DOUZIÈME MOIS
p. 146

Chapitre 1

Mars - Avril

Cartographie imaginaire
des 2 premiers mois de vie d'un nourrisson

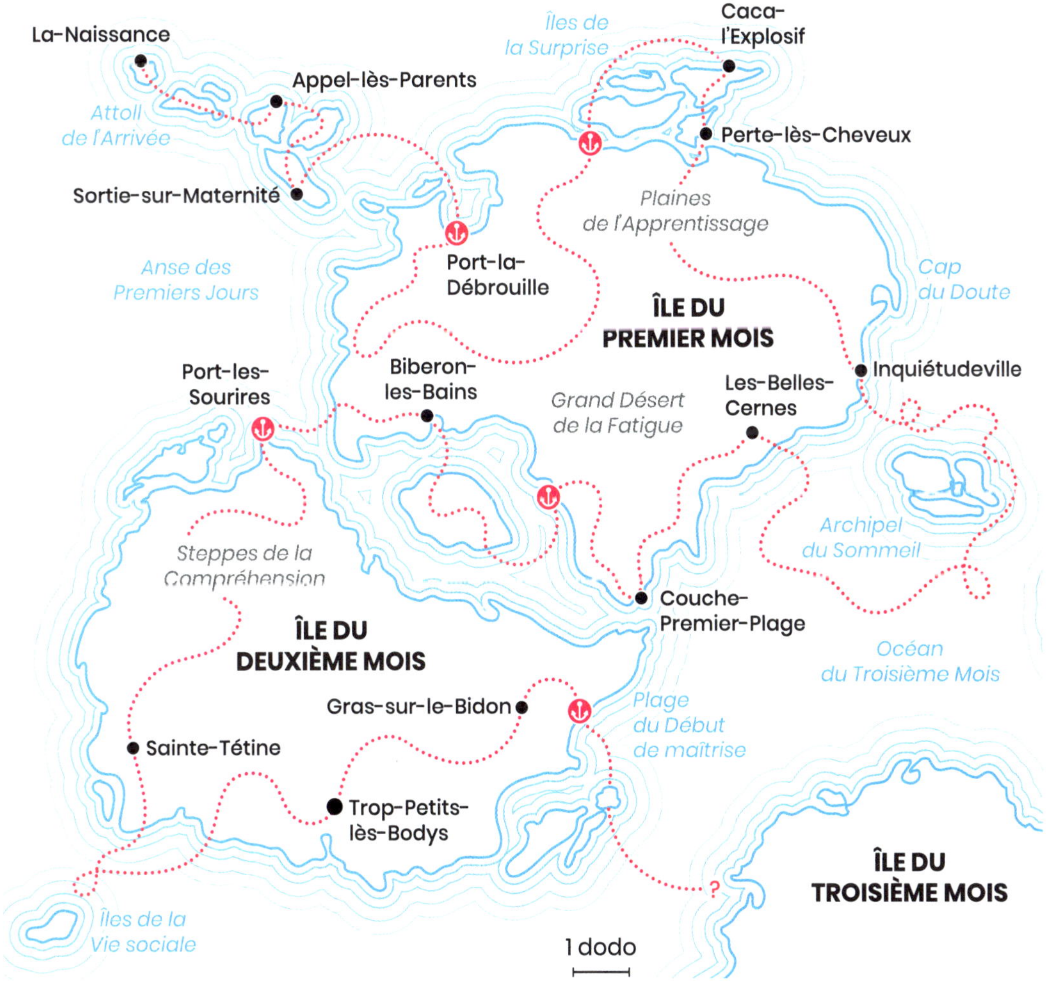

« On attend un bébé » : fréquence des réponses,
en nombre d'occurrences

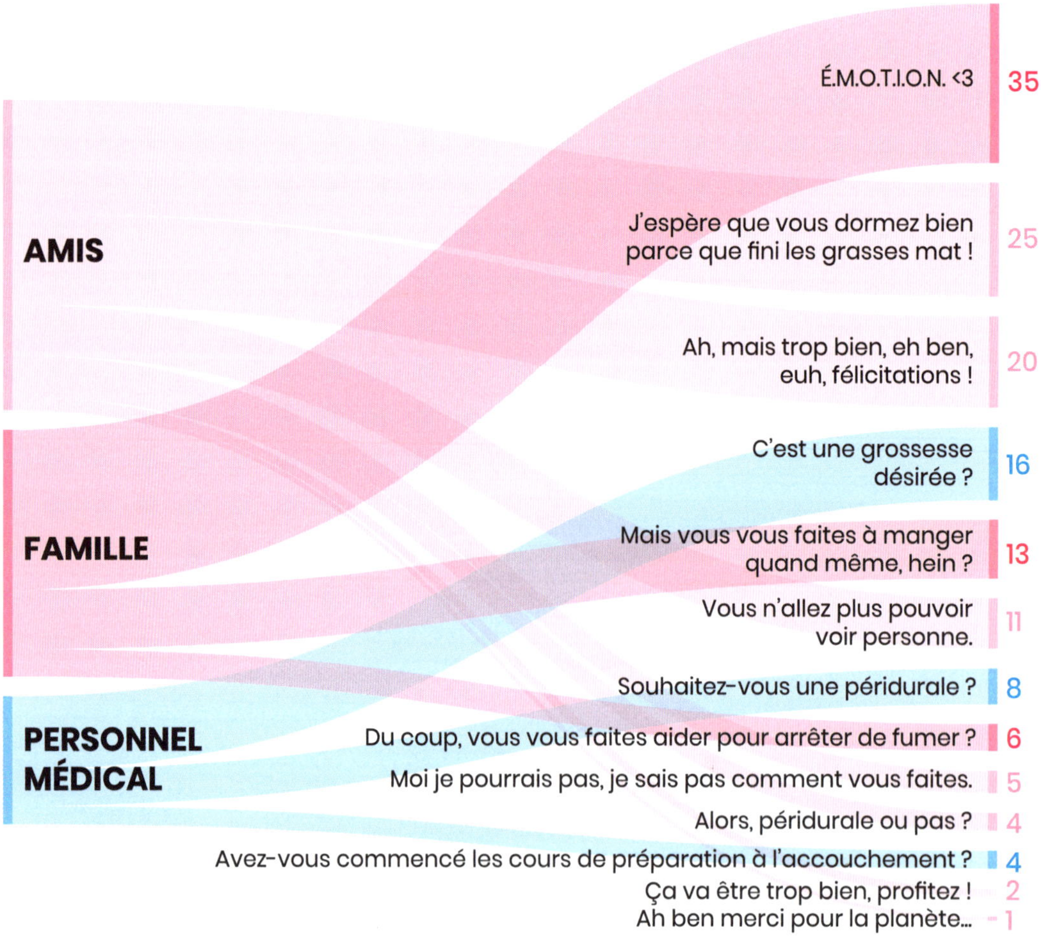

Évolution des convictions antitétine de Maman
en pourcentage

Lê

Expression du désespoir absolu.
Répéter à volonté.

Évolution multifactorielle de l'allaitement vers le biberon, suivi sur 7 jours

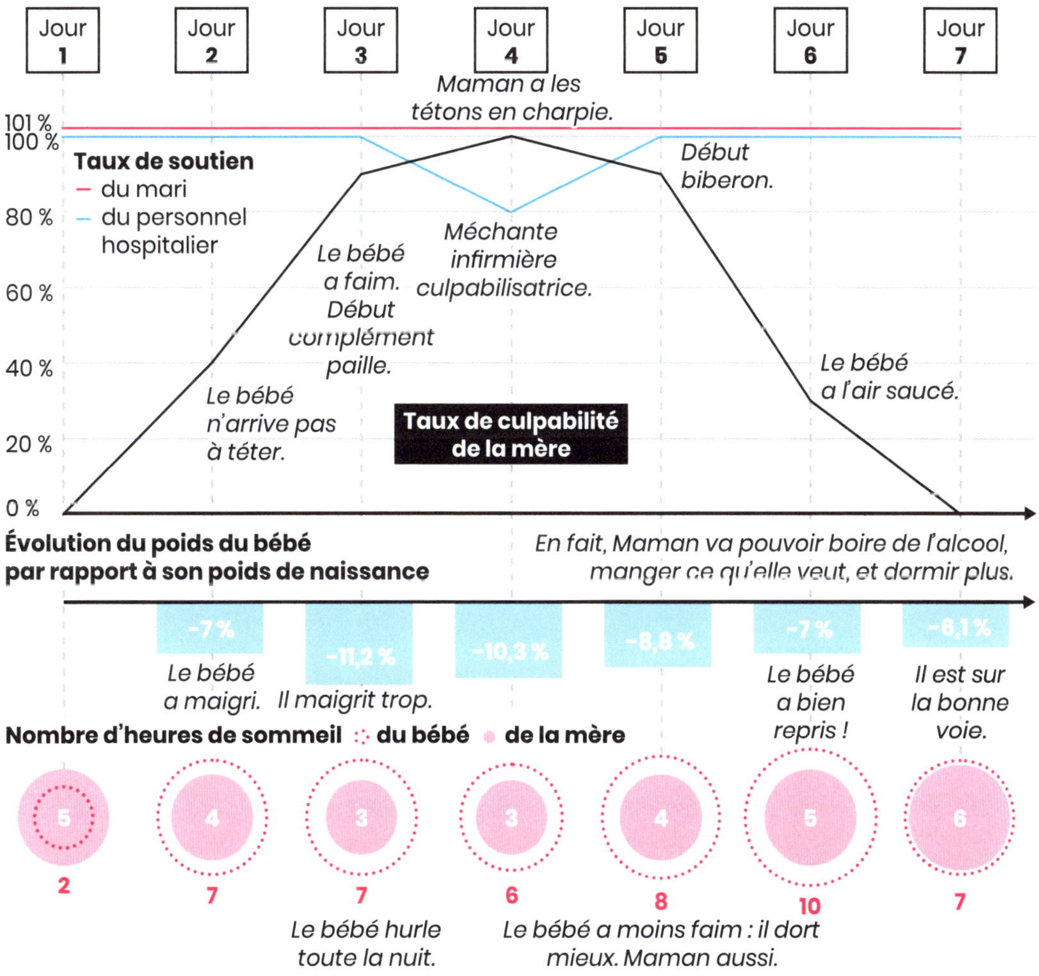

Nombre de nouvelles personnes rencontrées pendant les 2 premières semaines de vie

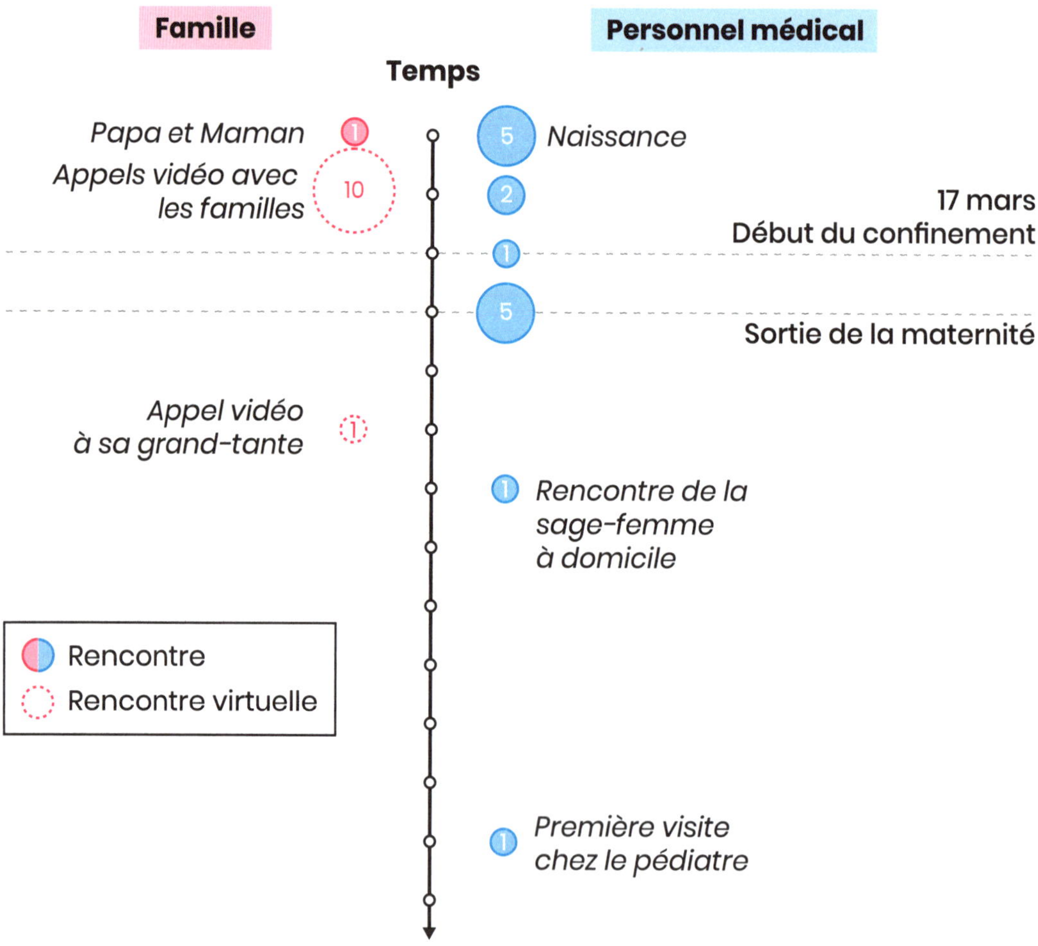

Choses que le bébé aime ou déteste au jour 21

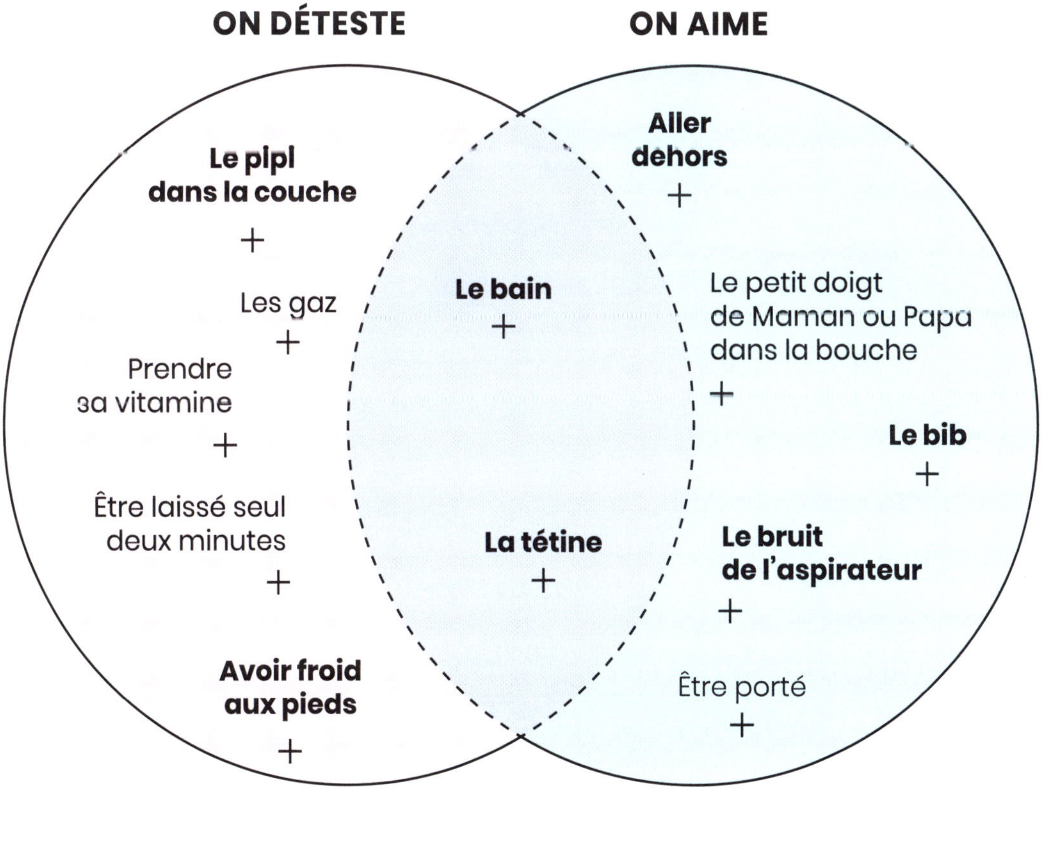

4

C'est le nombre de centimètres gagnés en un mois de vie (dans la longueur).

Ce qu'on a trouvé dans la couche
pendant les 21 premiers jours

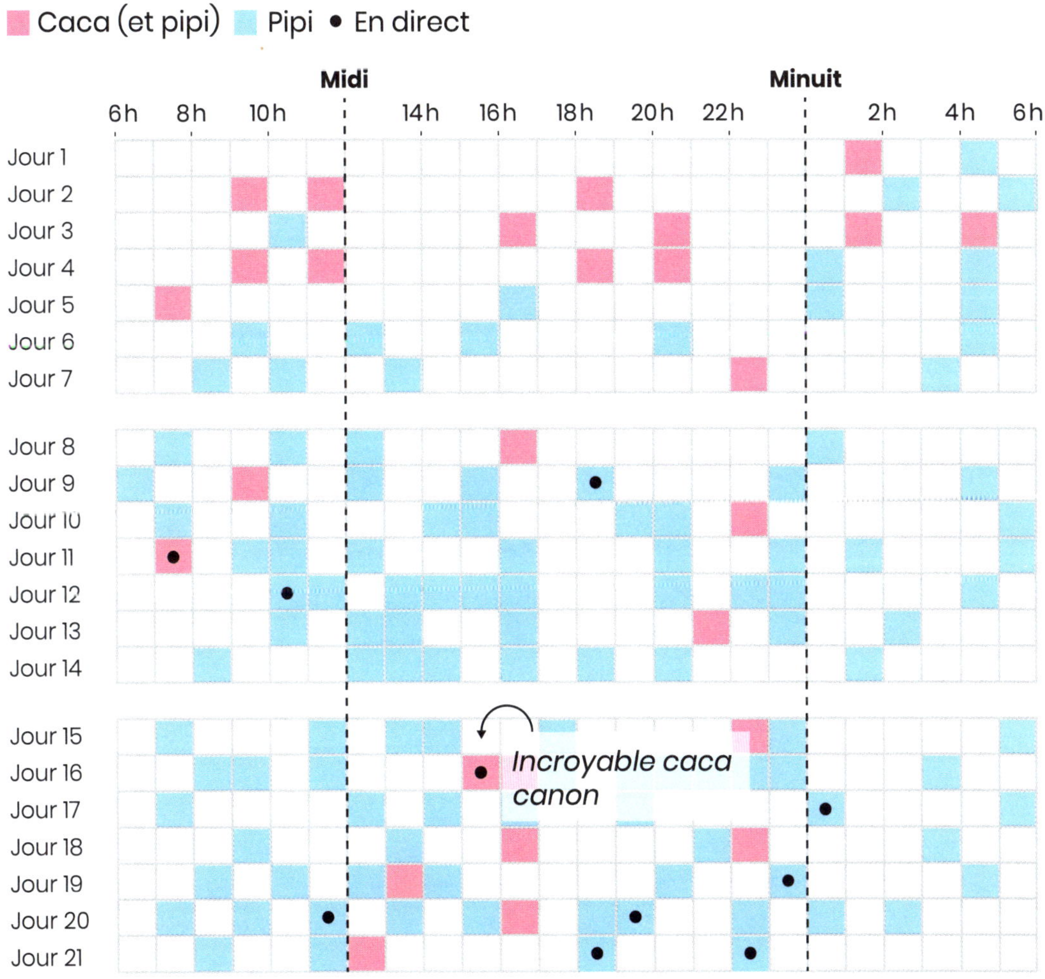

Skills parentaux débloqués au cours du 1er mois
par niveau de difficulté

NIVEAU 1

90%

Changer une couche

85%

Porter un bébé sans avoir peur de le lâcher

100%

Mettre un body

NIVEAU 2

100%

Faire un biberon

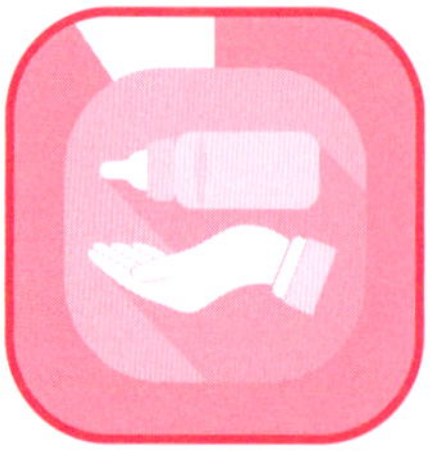

90%

Faire un biberon avec le bébé dans les bras

70%

Faire un biberon avec le bébé dans les bras qui hurle

Consommation de couches et nombre de jours nécessaires pour vider un paquet

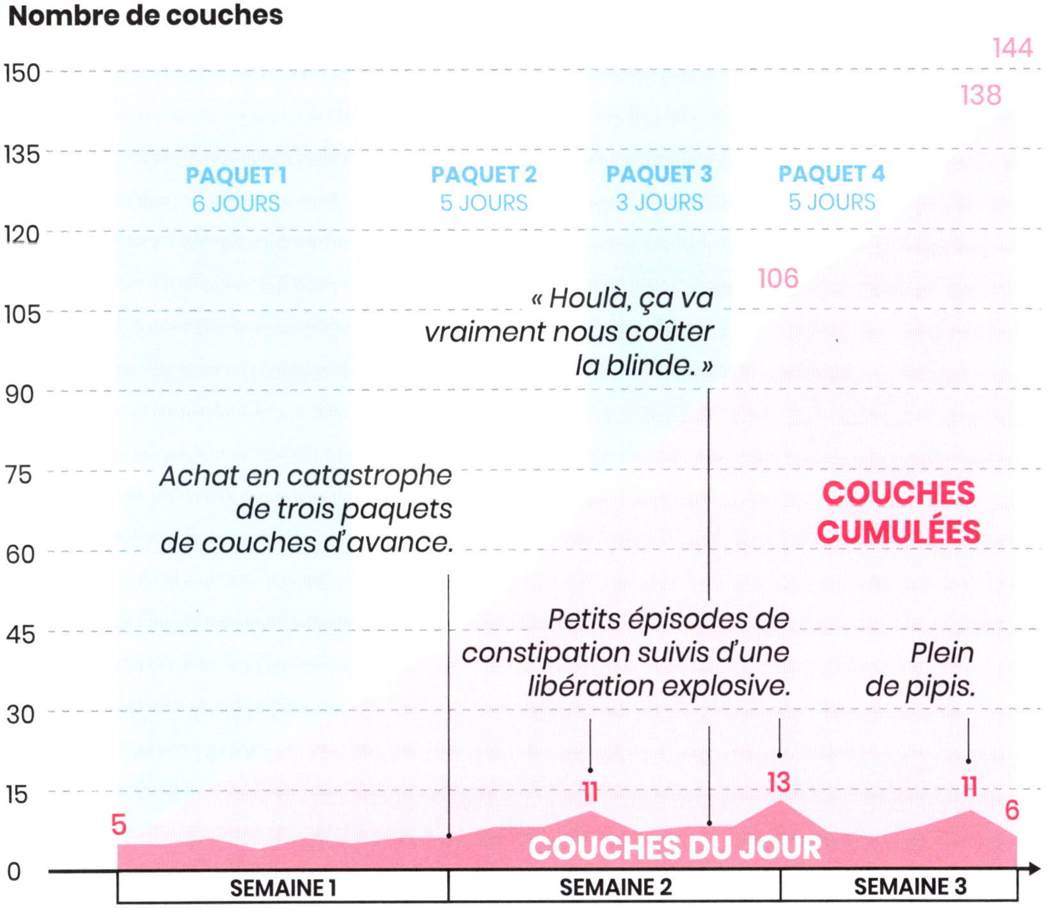

Hoeuu

S'utilise frénétiquement, sur un ton guttural, pour réclamer la suite du biberon.

Répartition des heures de sommeil
depuis la naissance

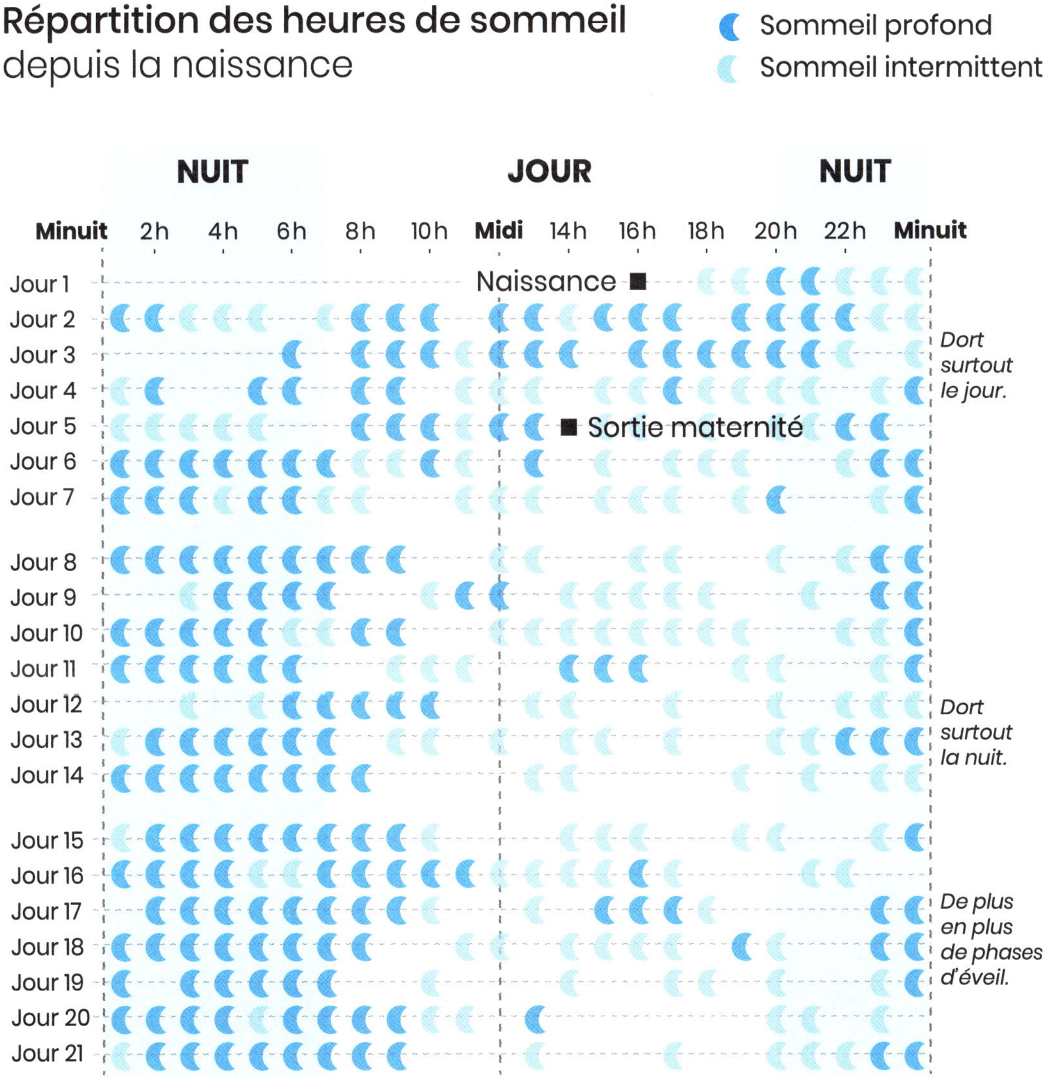

Gestion du bébé et du matelas à langer dans le contexte d'un bain

● Bébé ◉ Bébé porté ◉ Bébé dans le bain ☐ Matelas à langer

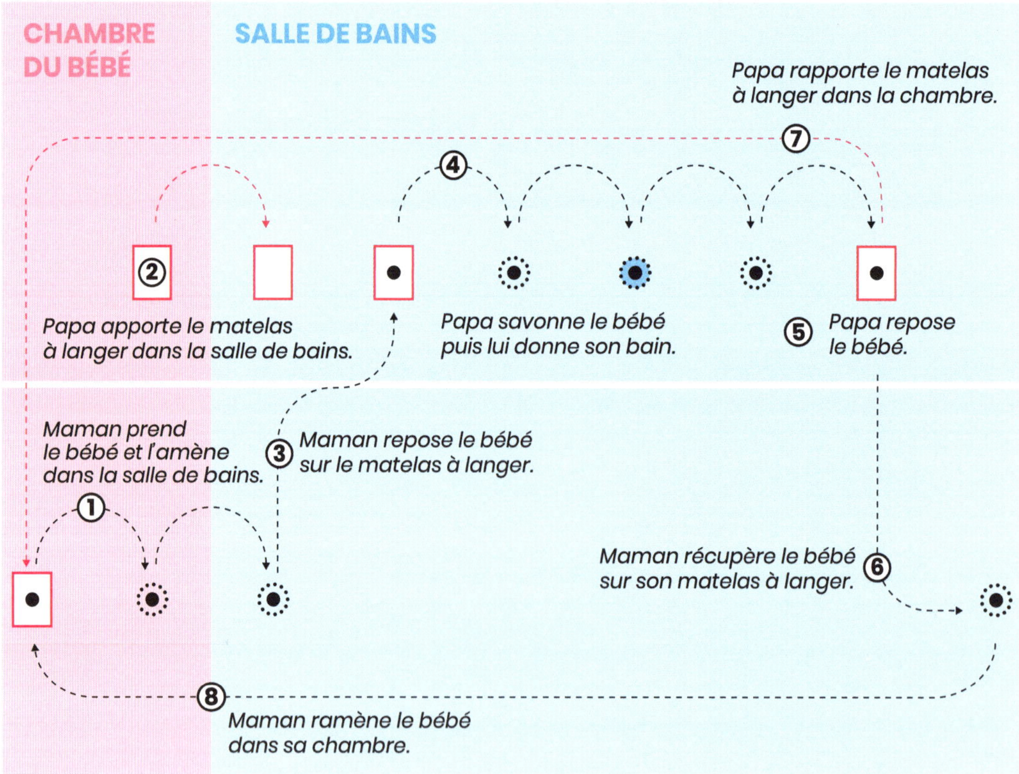

Horaires de biberons possibles
à partir d'un premier biberon à 6 h du matin

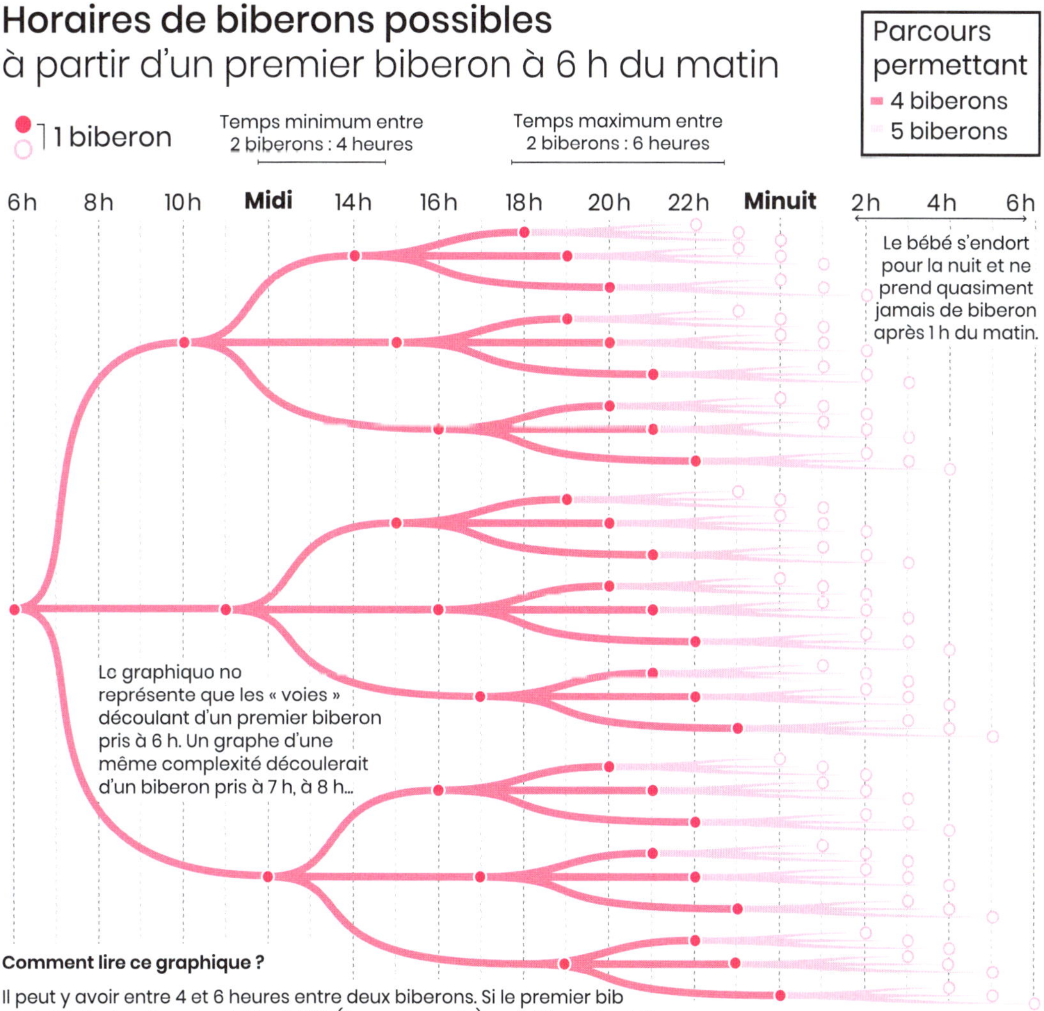

Comment lire ce graphique ?

Il peut y avoir entre 4 et 6 heures entre deux biberons. Si le premier bib est à 6 h, le deuxième peut être à 10 h (4 heures après), ou à 11 h, ou à midi. Et chacun de ces biberons entraîne trois nouvelles possibilités pour le troisième biberon, soit 9 parcours possibles. Et ainsi de suite jusqu'au cinquième biberon !

120

C'est la contenance, en millilitres, du plus gros biberon jamais bu à ce jour.

Ce qu'on trouve en vérifiant la couche,
en nombre d'occurrences au jour 21

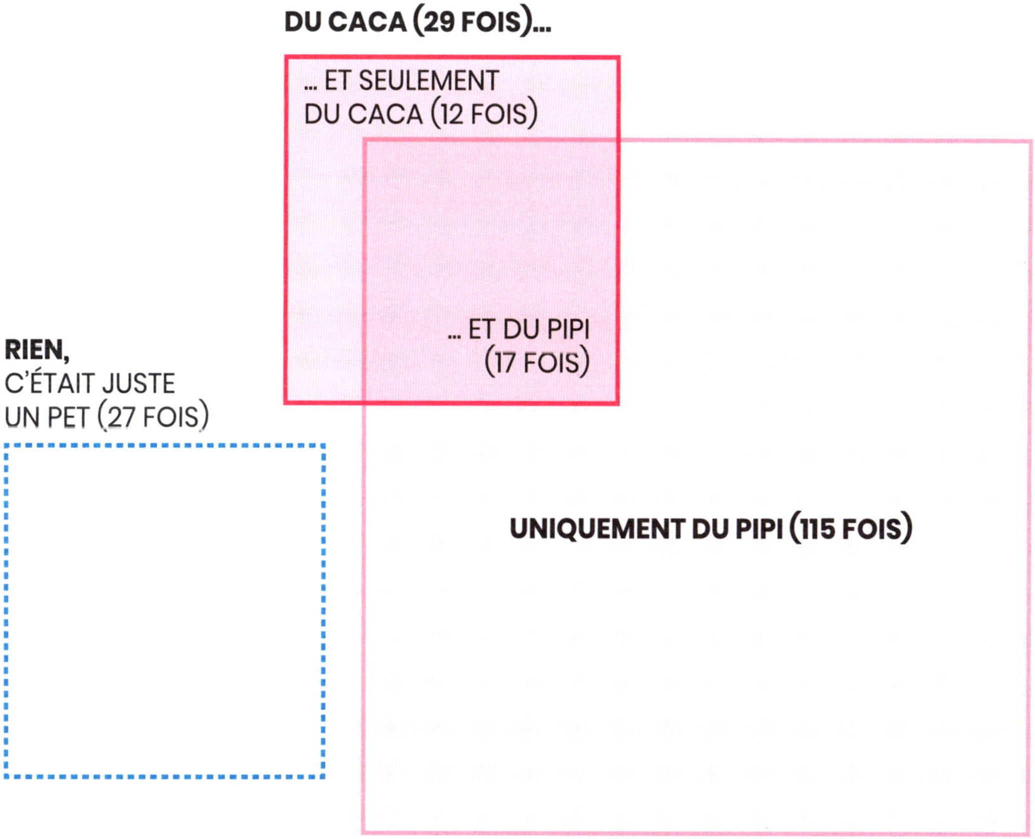

Consommation de lait
sur les 3 premières semaines

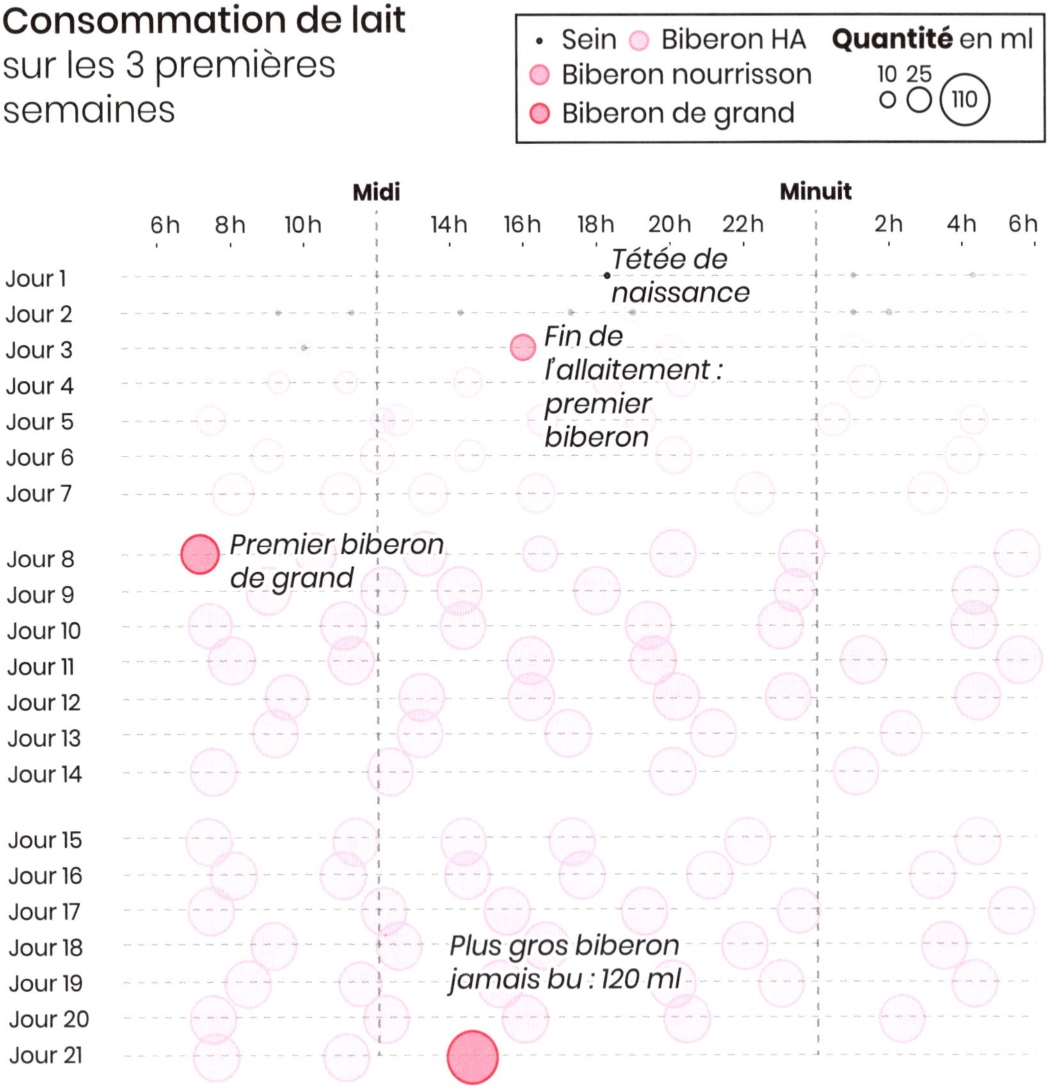

Taux de couverture du sommet du crâne en cheveux
pendant les 4 premières semaines de vie

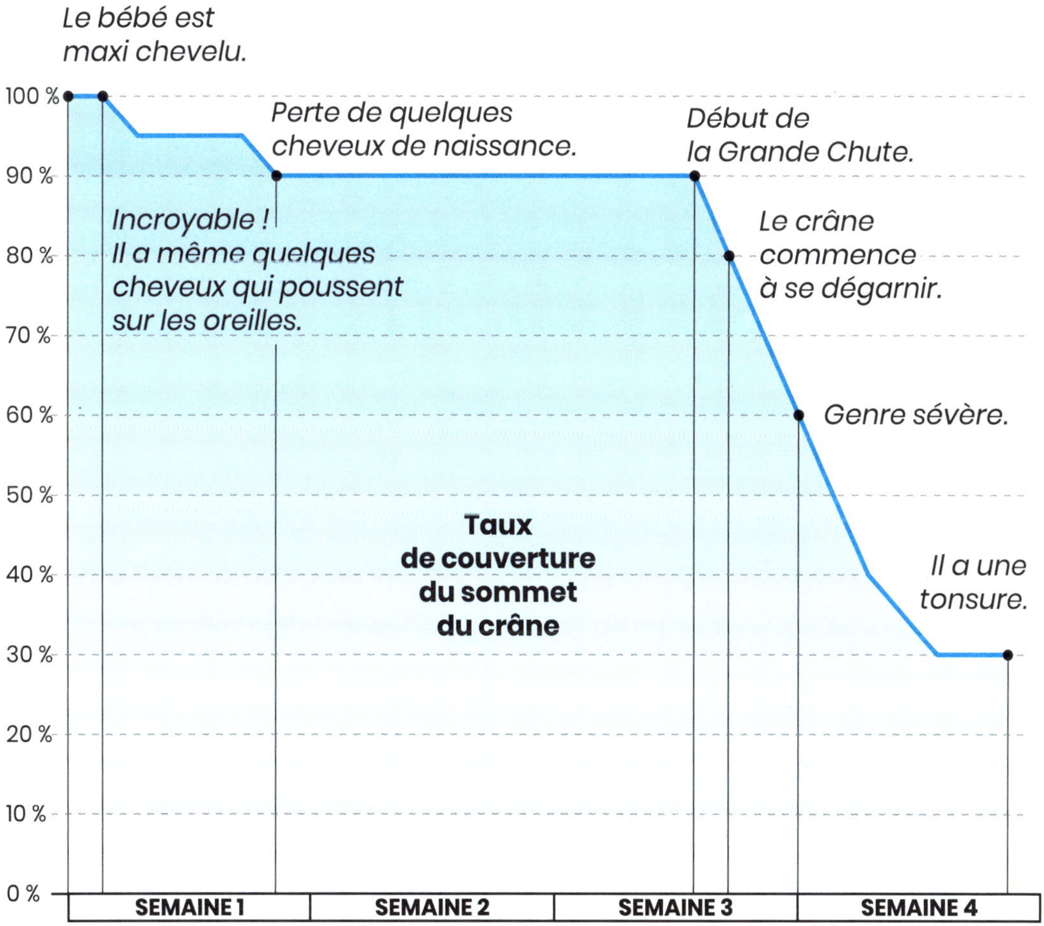

Hu!

Expression de la satisfaction après un biberon rondement liquidé.

Skills parentaux débloqués au cours du 2e mois
par niveau de difficulté

NIVEAU 3

12 %

Rattraper la tétine qui choit avant qu'elle ne touche le sol

55 %

Vaincre la fatigue par le mental

23 %

Ne pas oublier de se laver

NIVEAU 4

0,5 %

Trouver une place en crèche pendant une pandémie

8 %

Se faire à manger deux fois par jour

11 %

Identifier la cause des cris

Taux d'angoisse parentale face aux auto-agressions du bébé pendant les 2 premiers mois

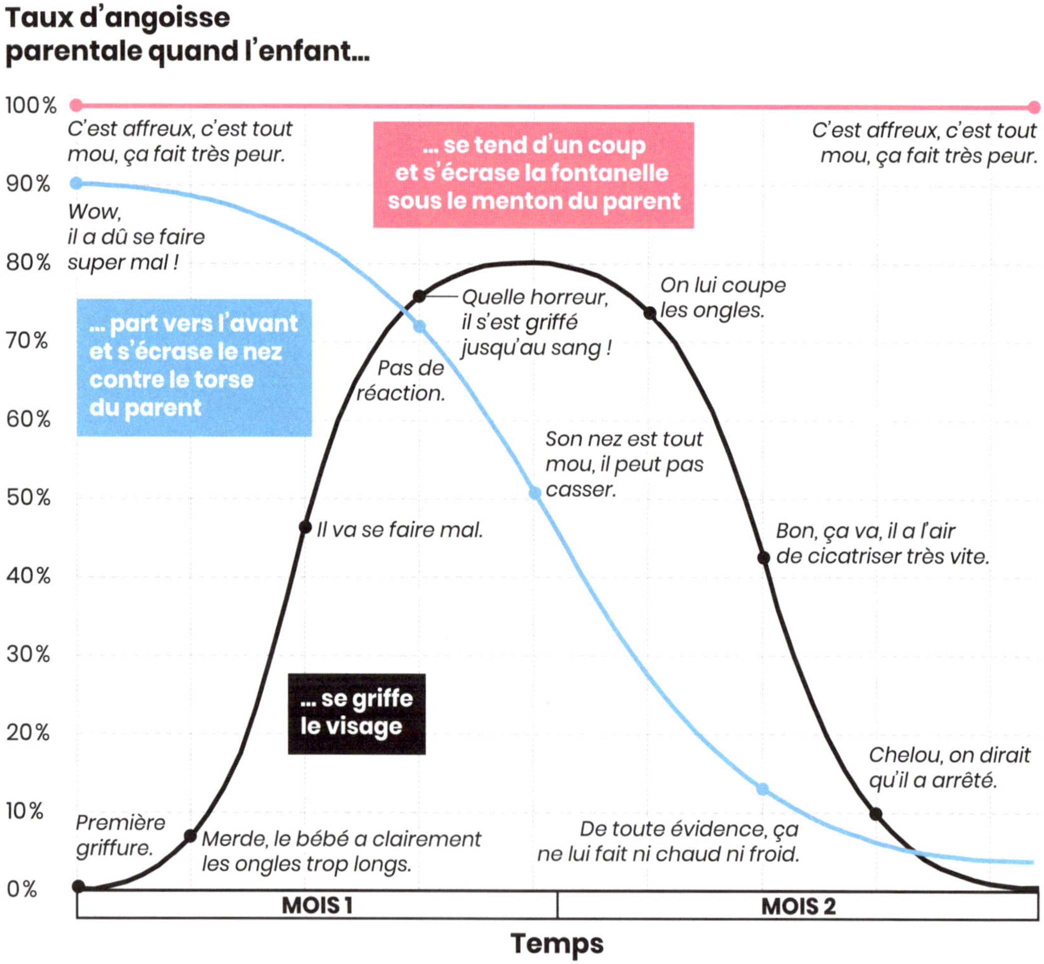

Principales choses vues* pendant les 2 premiers mois
en pourcentage

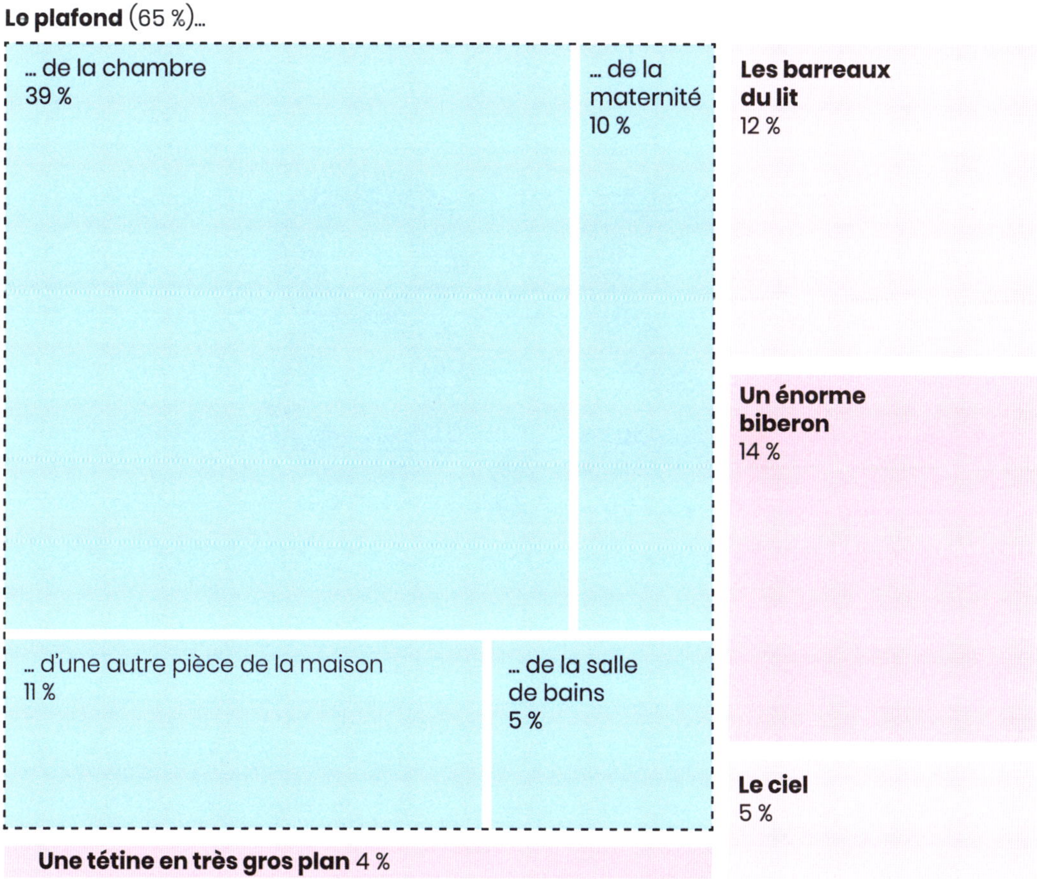

** Êtres humains non inclus.*

2,8

C'est le nombre de boîtes de lait premier âge utilisées pendant le premier mois de vie.

Évolution de l'amour porté à la table à langer par le bébé
en taux de kiff sur les 2 premiers mois

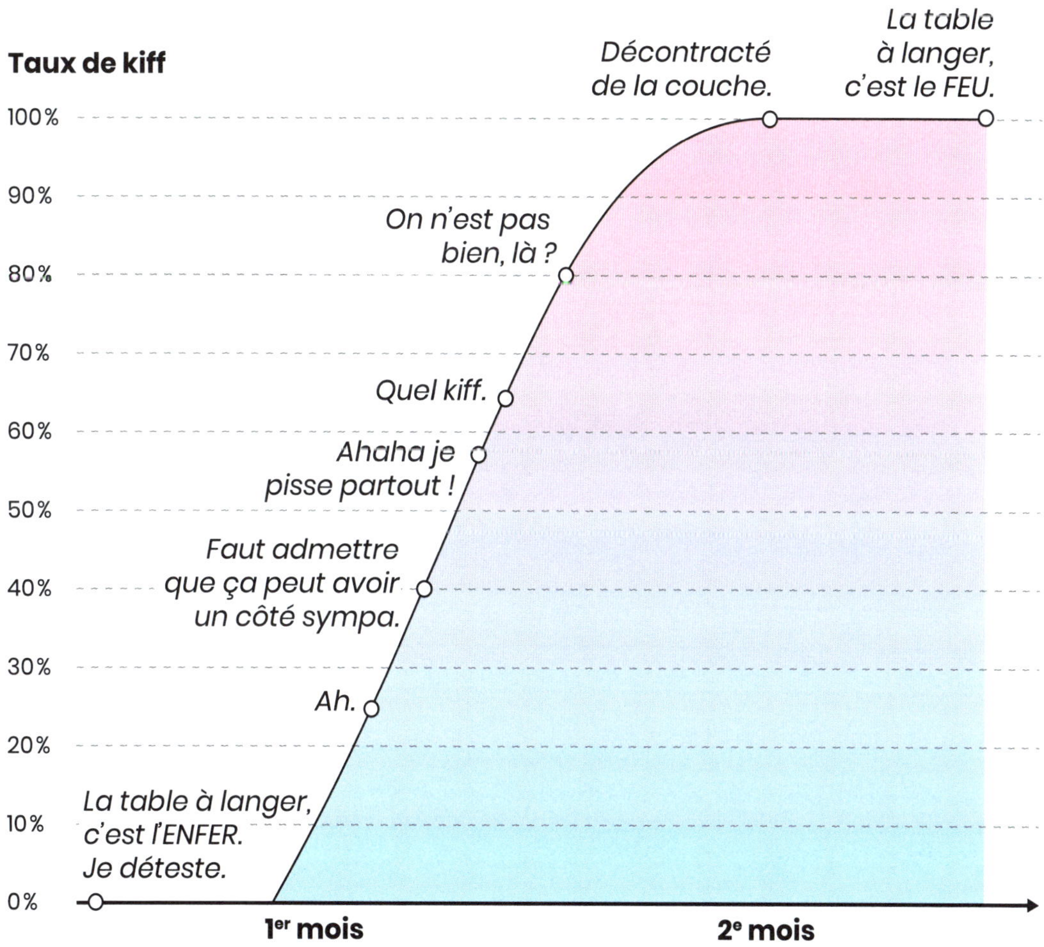

Chapitre 2

Mai - Juin

Cartographie imaginaire
des 3e et 4e mois

Taux de frustration des grands-parents
depuis le début du confinement

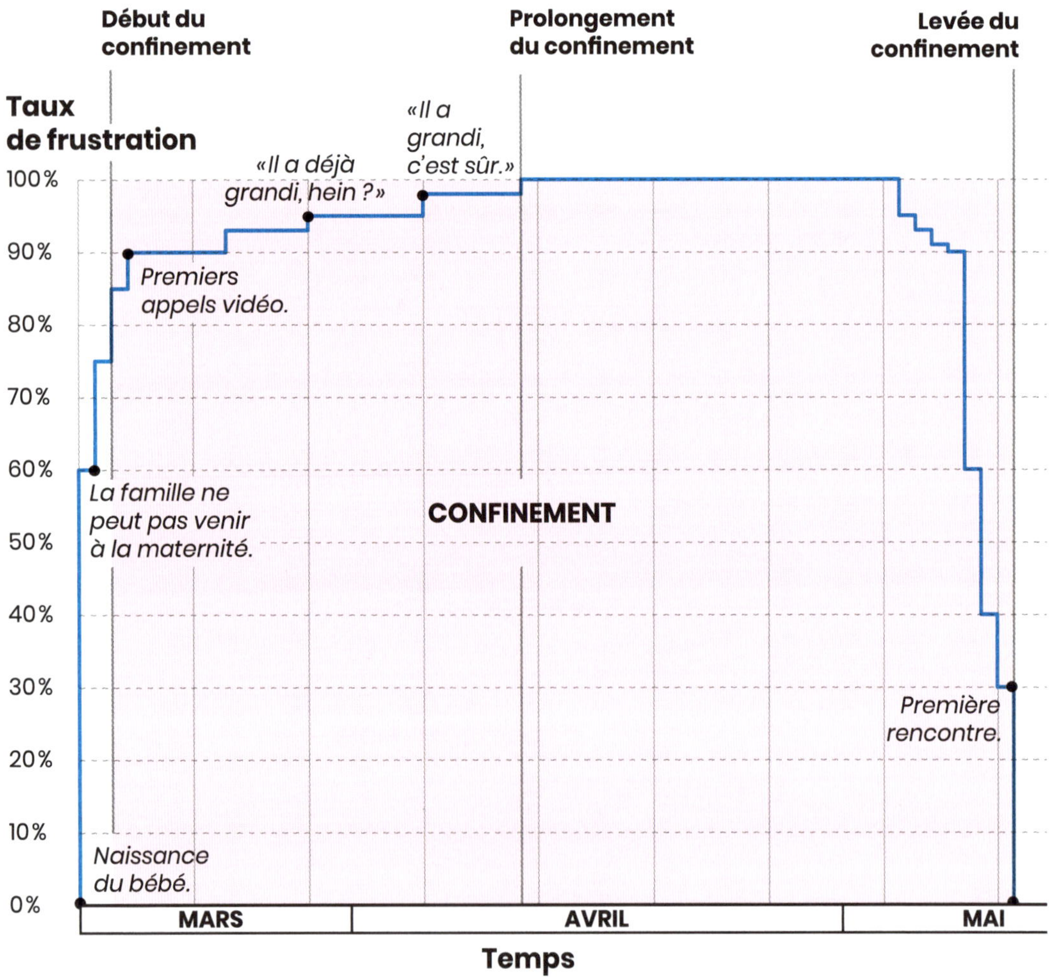

Indice de confiance et taux de frustration du père
lors de la première installation du siège auto

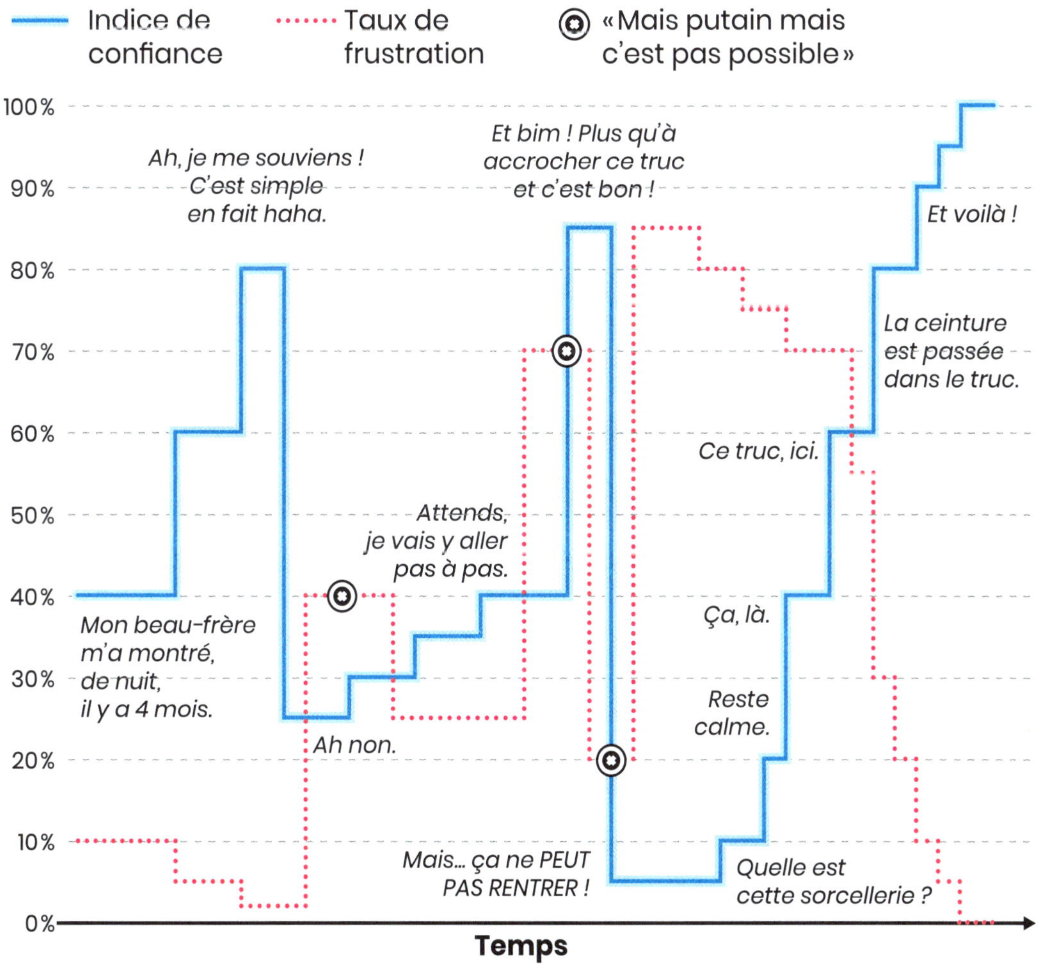

Schlp

Bruit répétitif et lancinant.
Une tétine est utile mais pas nécessaire pour le produire, au besoin la bouche suffira.

Ce à quoi ressemble parfois le bébé
par taille et par mignonnitude

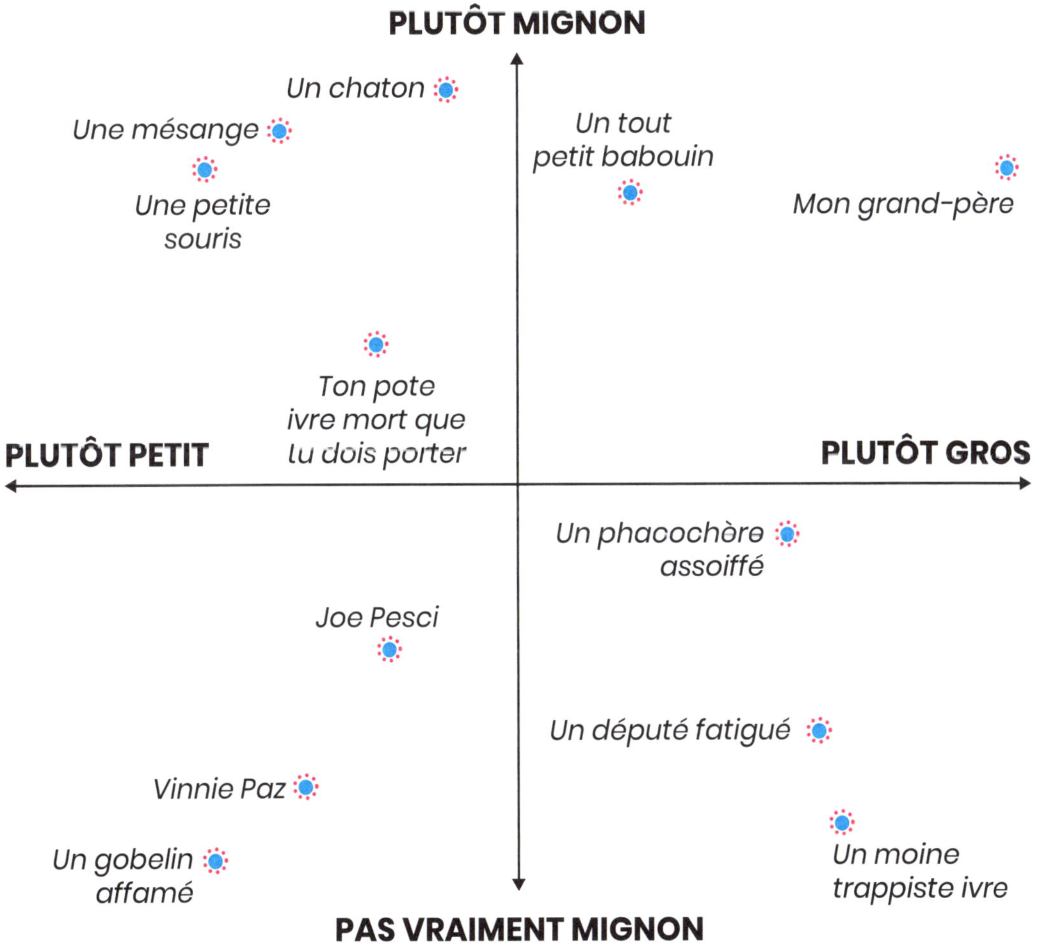

Part de sourires sociaux ou physiques
sur 100 sourires documentés pendant un jour J

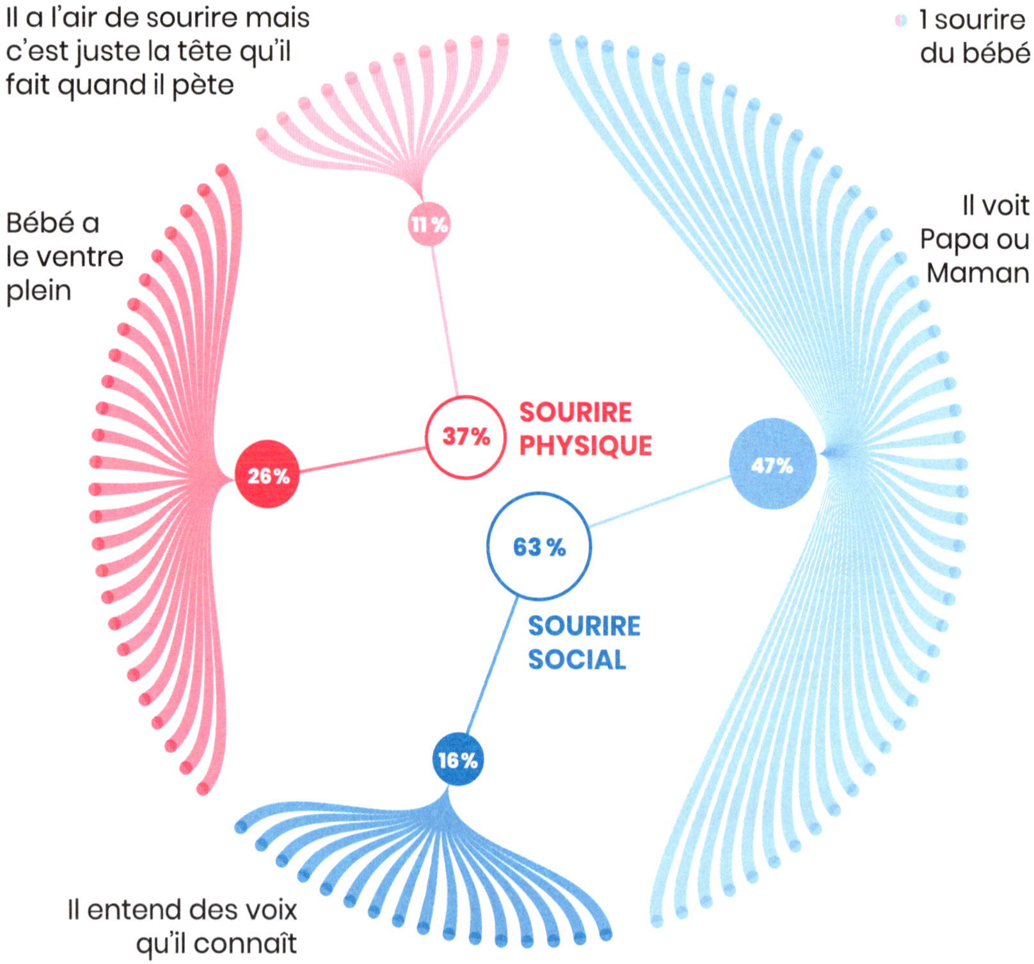

Évolution de la couleur des yeux du bébé
durant les 3 premiers mois

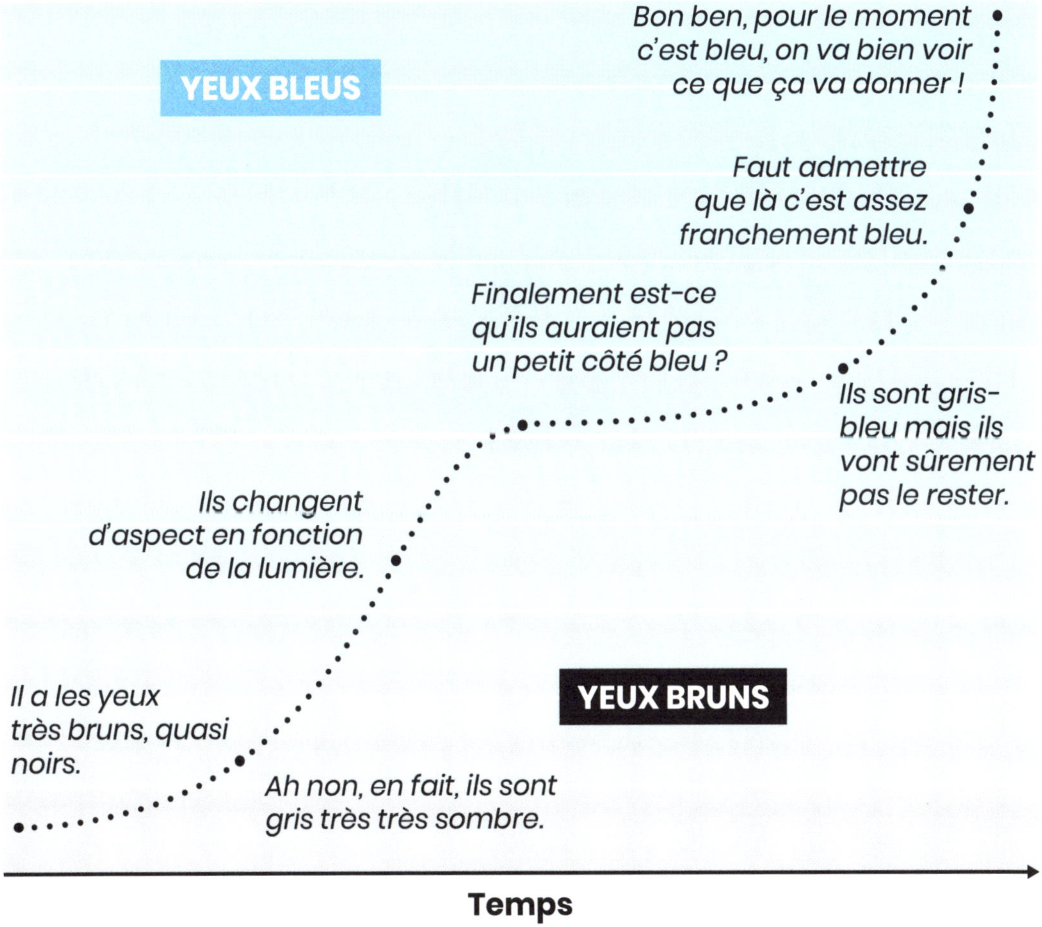

3

C'est le nombre de paquets de couches taille 1 achetés d'avance et qui restent sur les bras quand on passe à la taille 2.

Évolution de la température du bain pendant qu'on le fait couler en degrés Celsius

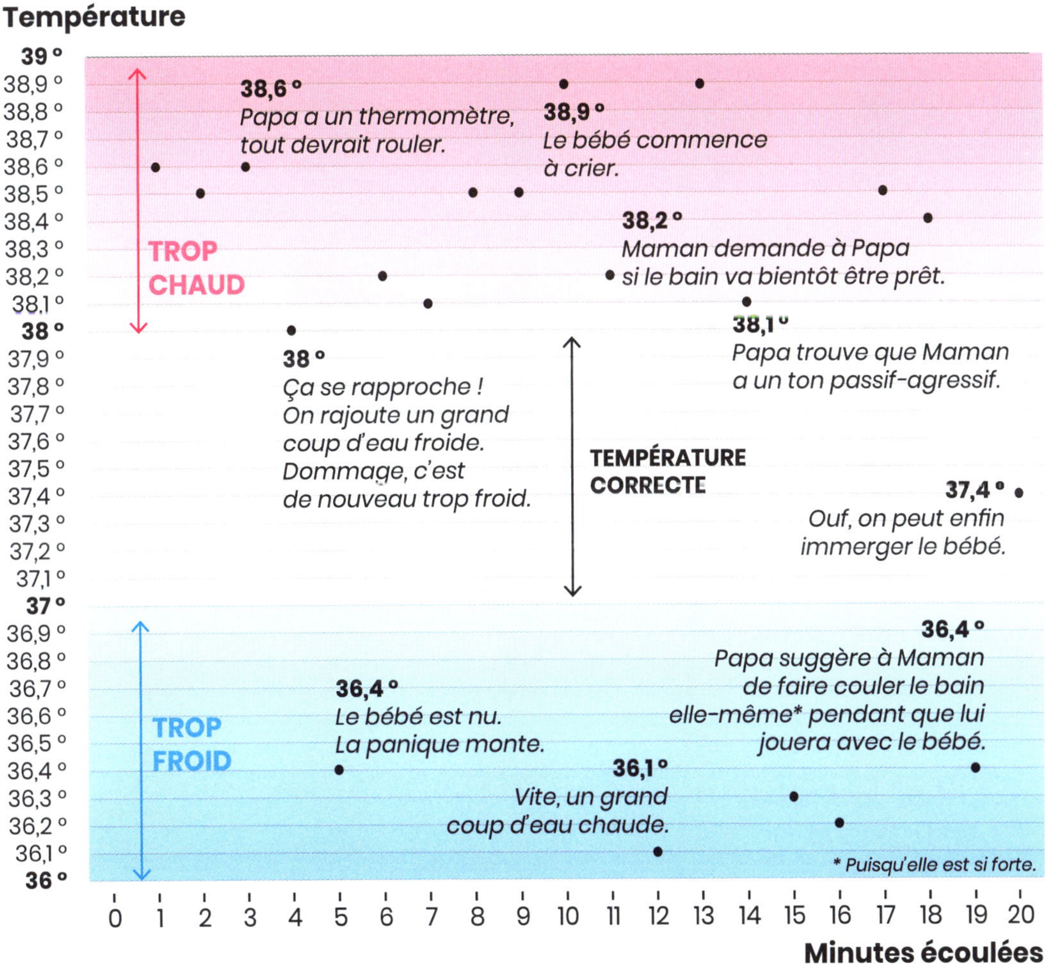

Évolution de l'utilisation de la puissance vocale pendant le bain, en pourcentage

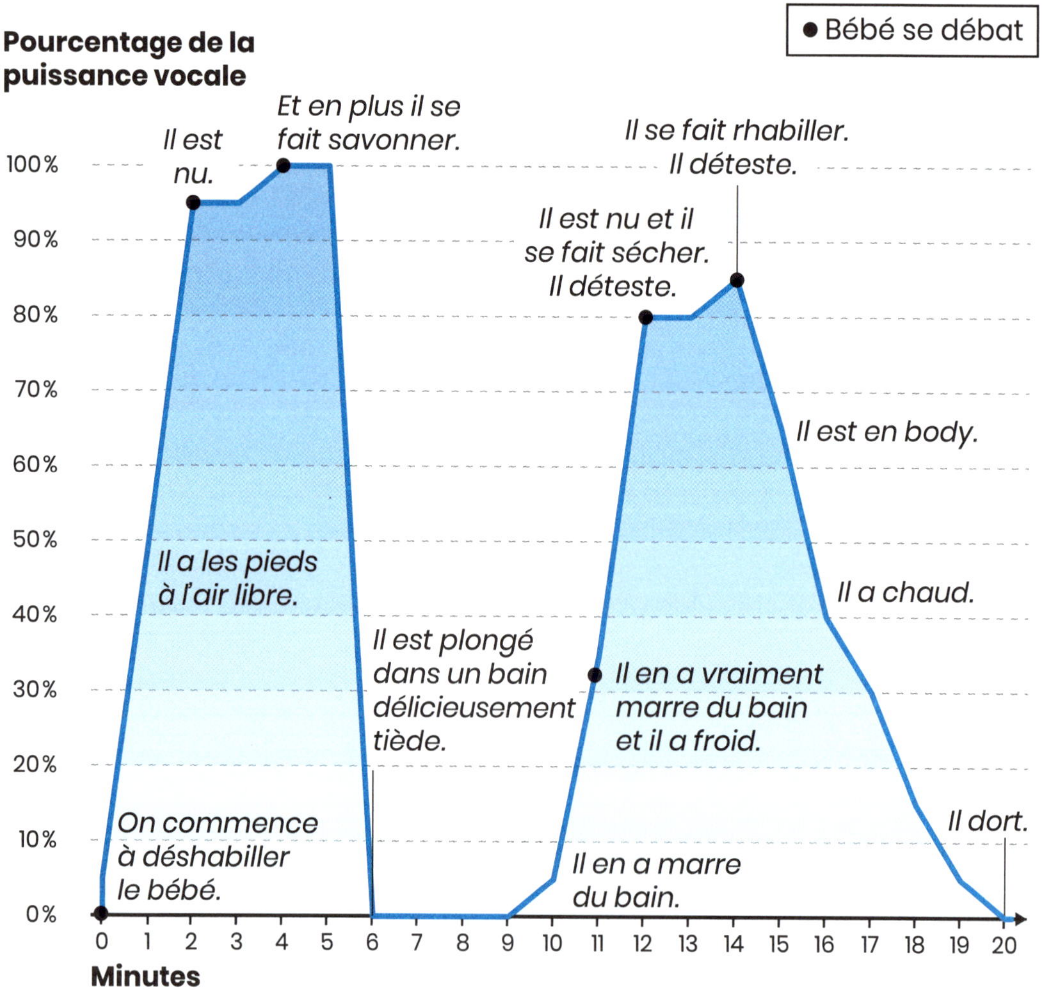

Évolution du taux de performance culinaire parentale
pendant les 3 premiers mois

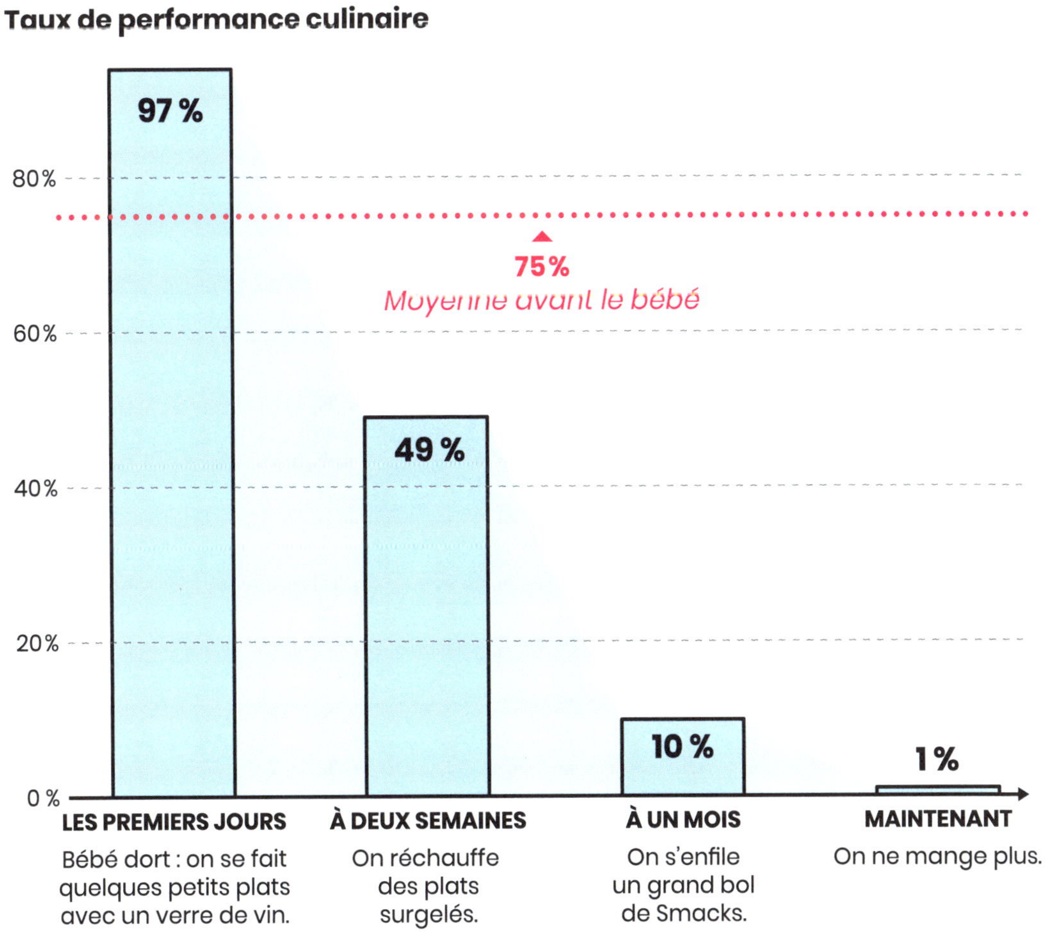

Héa
Héa

Plénitude, bonheur. Se répète inlassablement en tirant sur la tétine retrouvée. L'accent tonique varie aléatoirement.

Évolution croisée de l'intérêt
pour la tétine et pour son propre poing

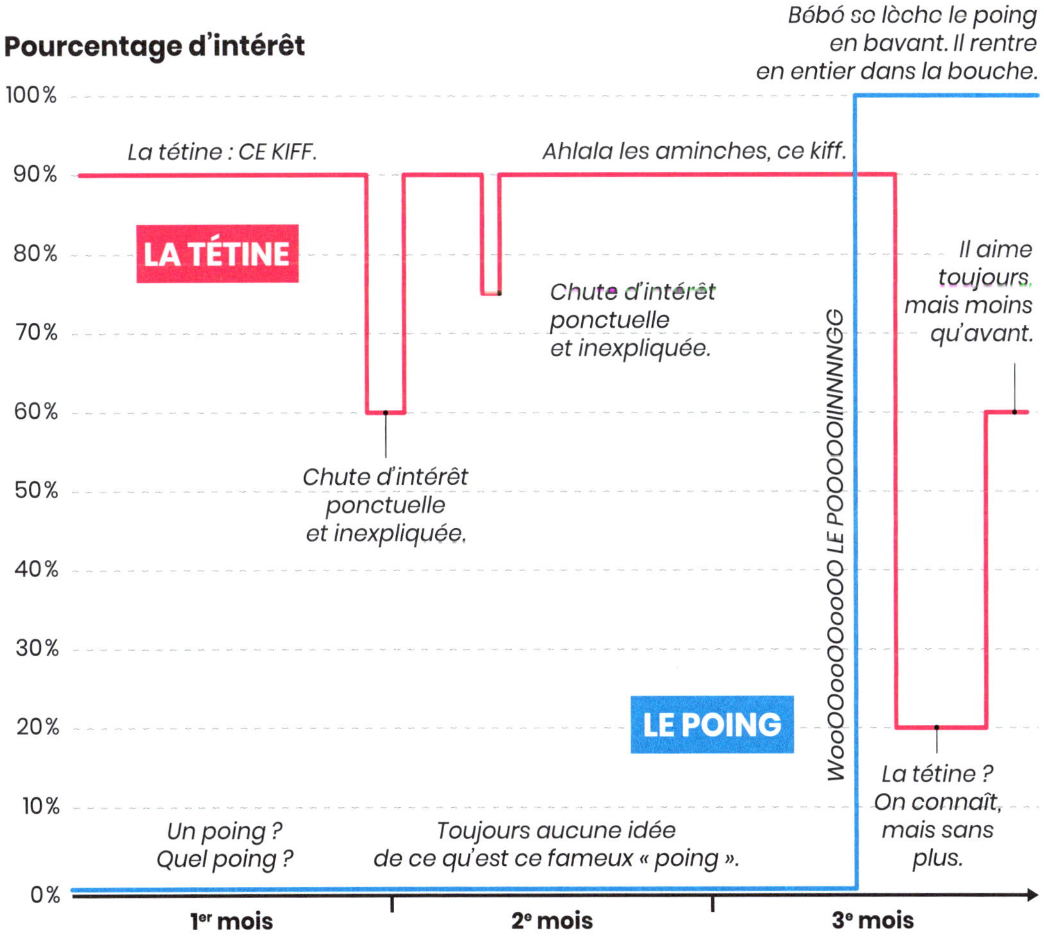

Évolution de la précision de la visée du pouce vers la bouche sur 4 jours

• = 1 tentative Front Œil et cou Menton et nez Lèvres Bouche

JOUR A
Découverte et interrogation

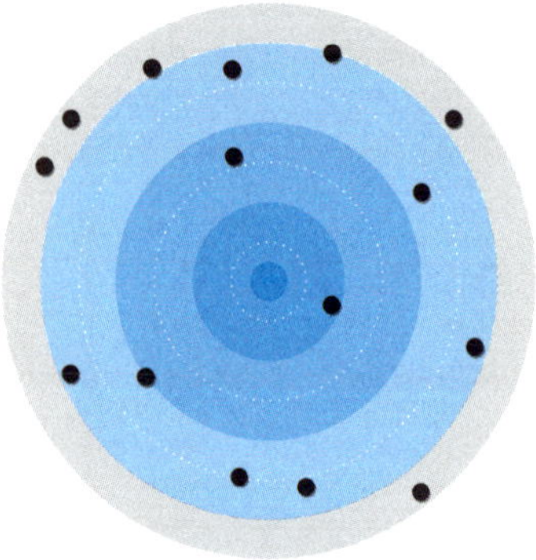

JOUR B
Approximation et entêtement

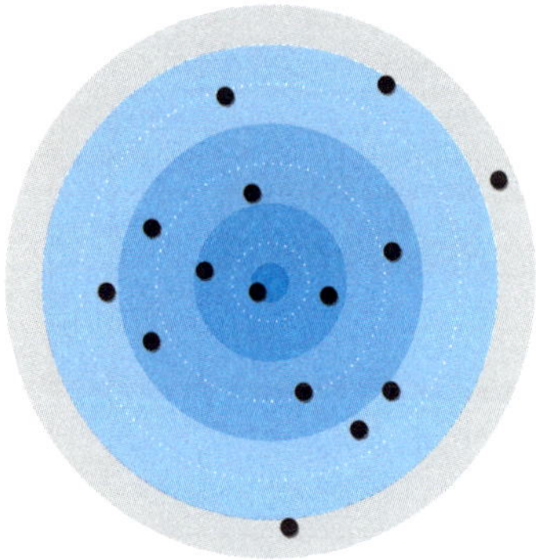

JOUR C
Progrès et satisfaction

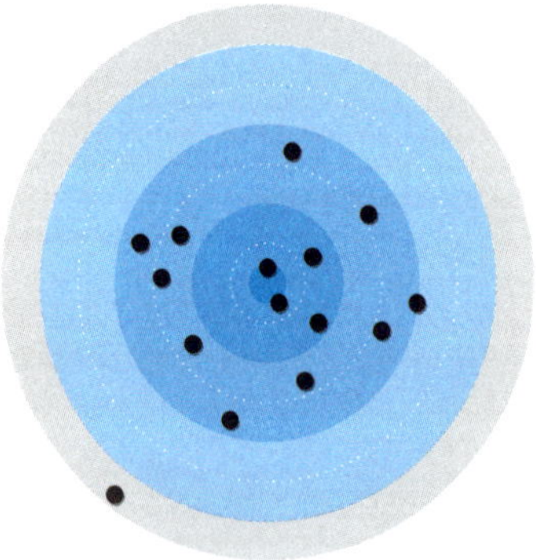

JOUR D
Joie et maîtrise

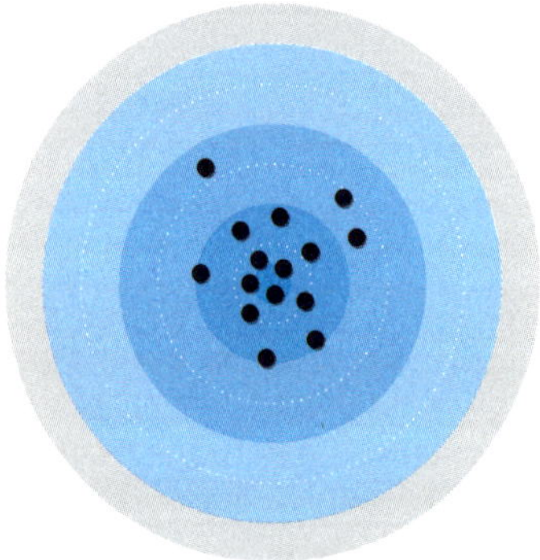

Achats prévisionnels de vêtements et port par le bébé, de la grossesse au 4e mois

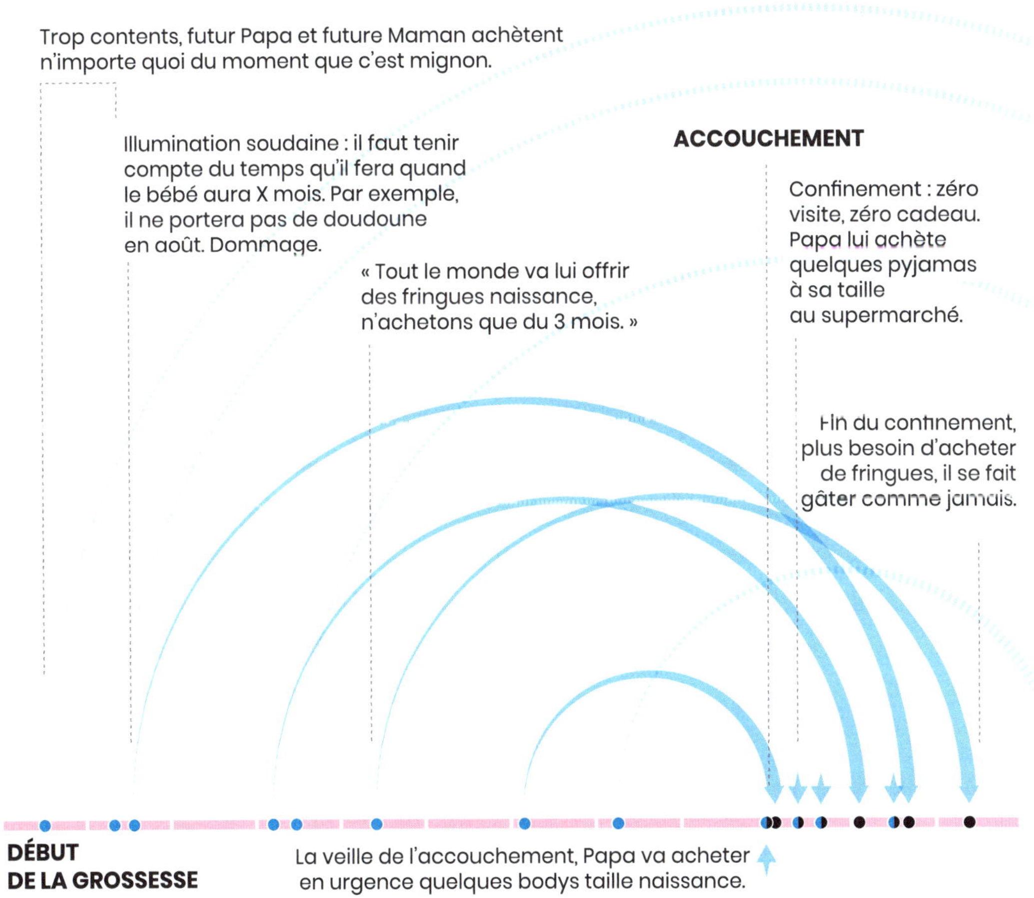

86

C'est le poids moyen, en grammes, d'une couche pleine de pipi (échantillon représentatif de trois couches).

Répartition des raisons de pleurer
en pourcentage à l'âge de 3 semaines

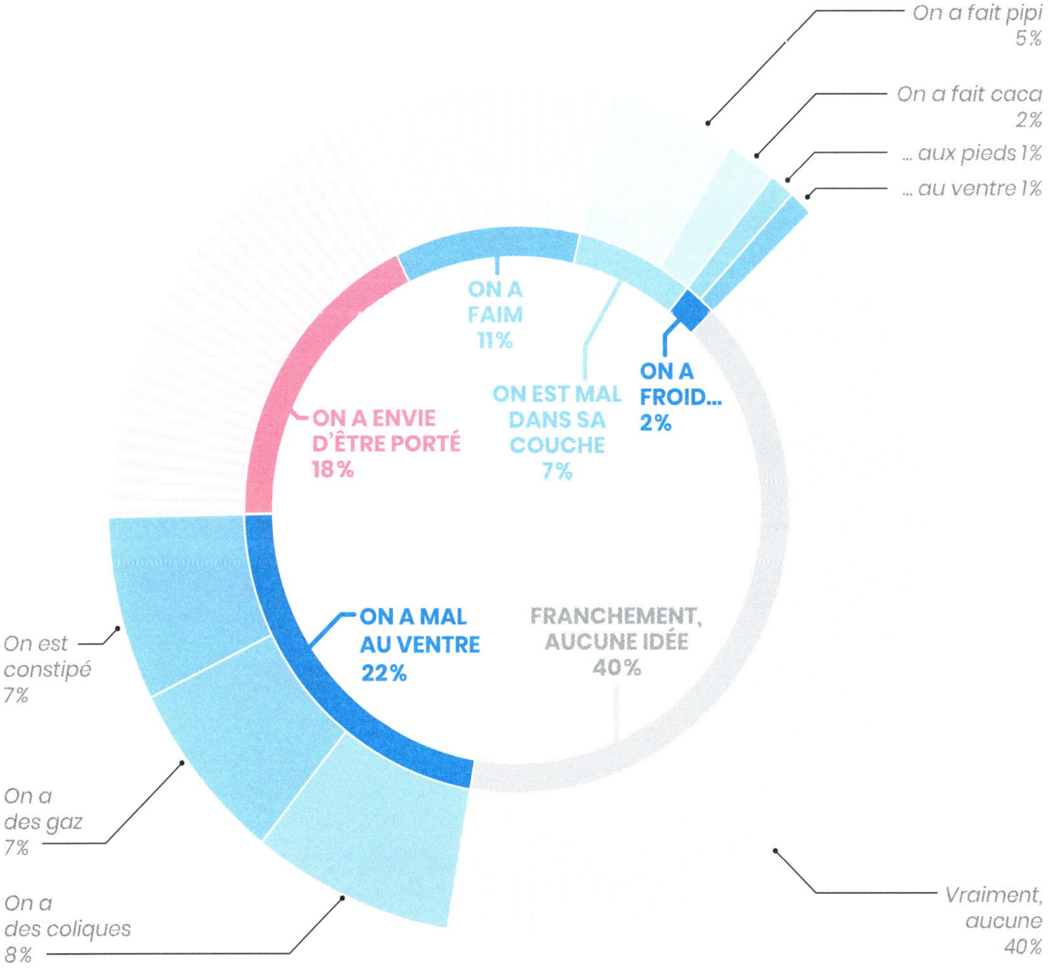

Durée et intensité des cris sur un jour J
en minutes et pourcentage d'intensité

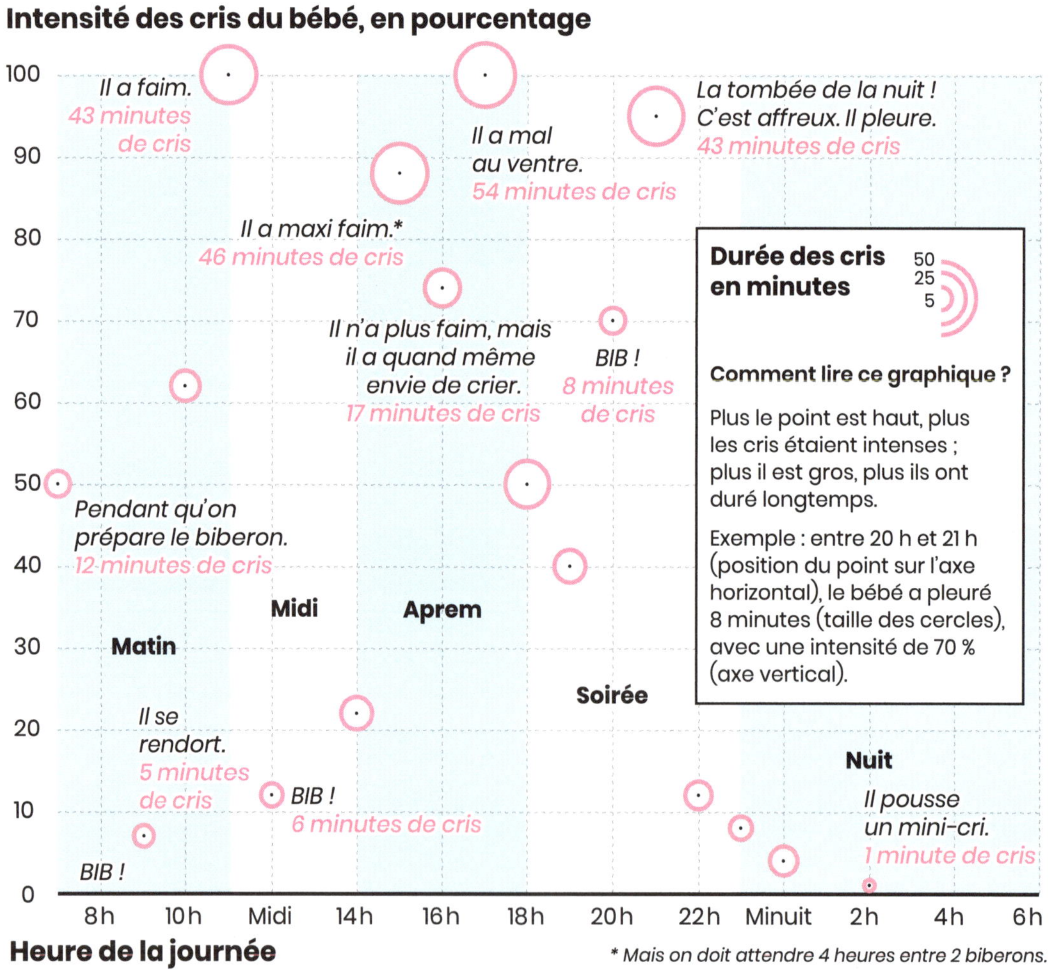

** Mais on doit attendre 4 heures entre 2 biberons.*

Structure d'un épisode de cris
en fonction de leur intensité

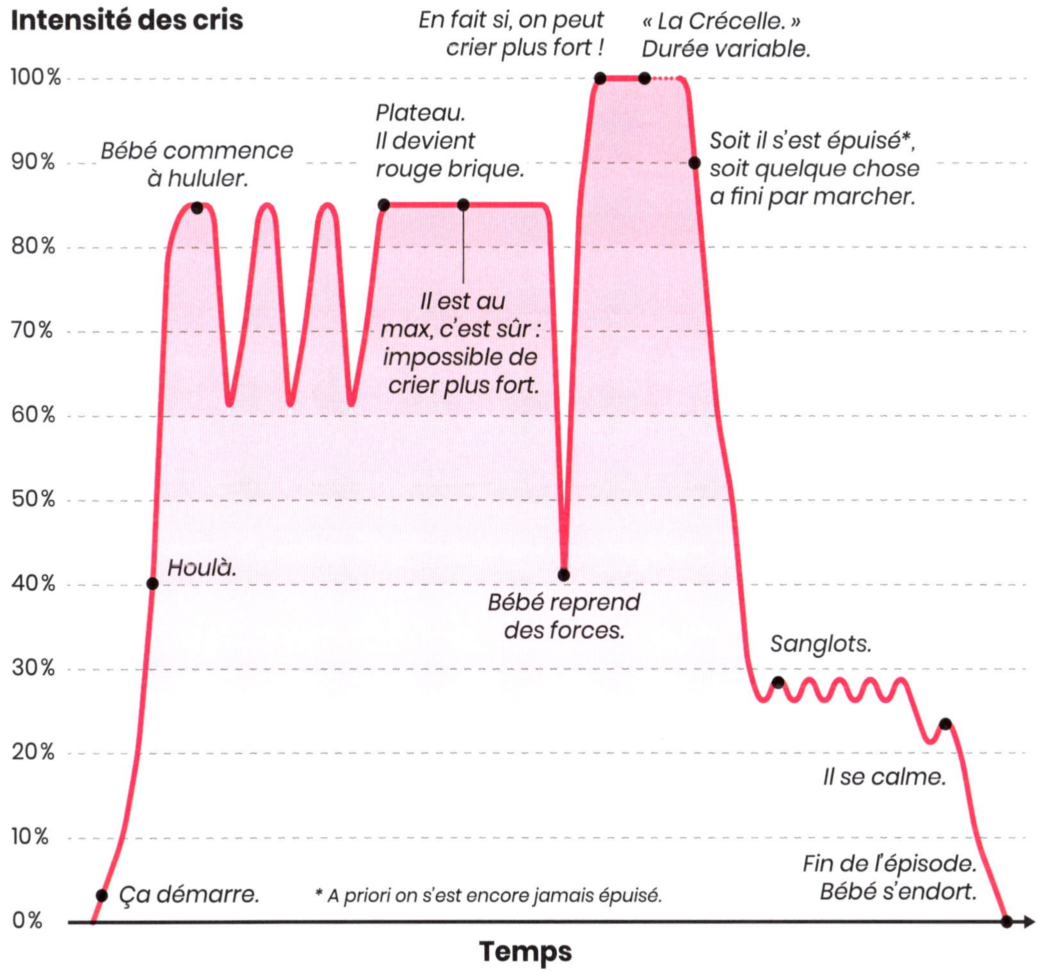

Mmmoea

Son d'une intensité modérée, il est pourtant utile de savoir le repérer : il annonce qu'on va se mettre à crier très bientôt et très fort.

Techniques de berçage
ayant fonctionné au moins une fois

LE DOUBLE BALANCIER

LE PENDULE

LA VAGUE

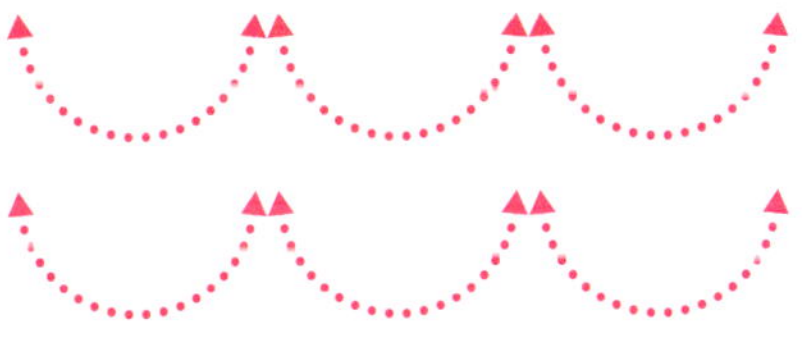

L'EFFICACE

LE CERCLE INFINI

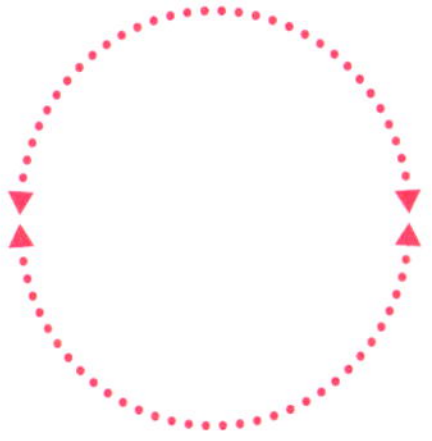

LA DÉSESPÉRÉE

Évolution de l'intensité des berçages pendant un épisode de cris, en pourcentage

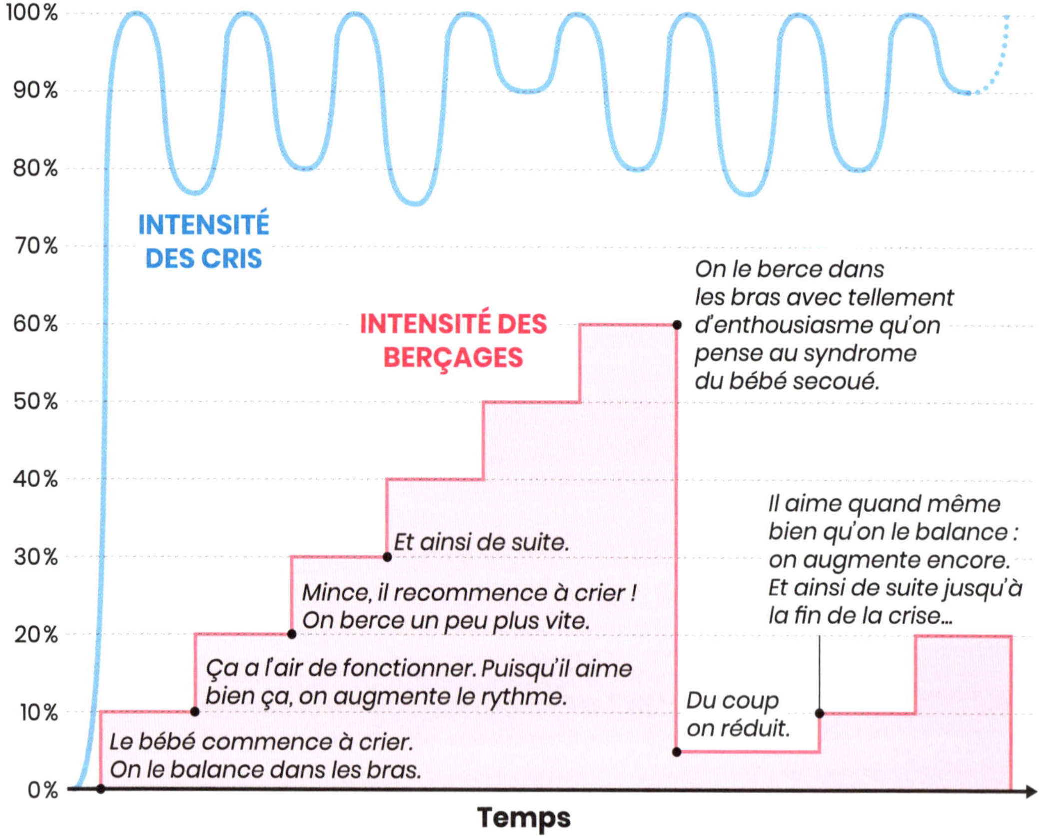

Évaluation de la capacité parentale à calmer le nourrisson par la parole au 4e mois

SOIT UN TAUX DE RÉUSSITE DE 0,4 %

92

*C'est le nombre de minutes qu'il a fallu à Papa pour installer ce *!#%° de siège auto dans la voiture pour la première fois.*

Nombre de fois où on a remonté le mobile
par jour pendant les 100 premiers jours

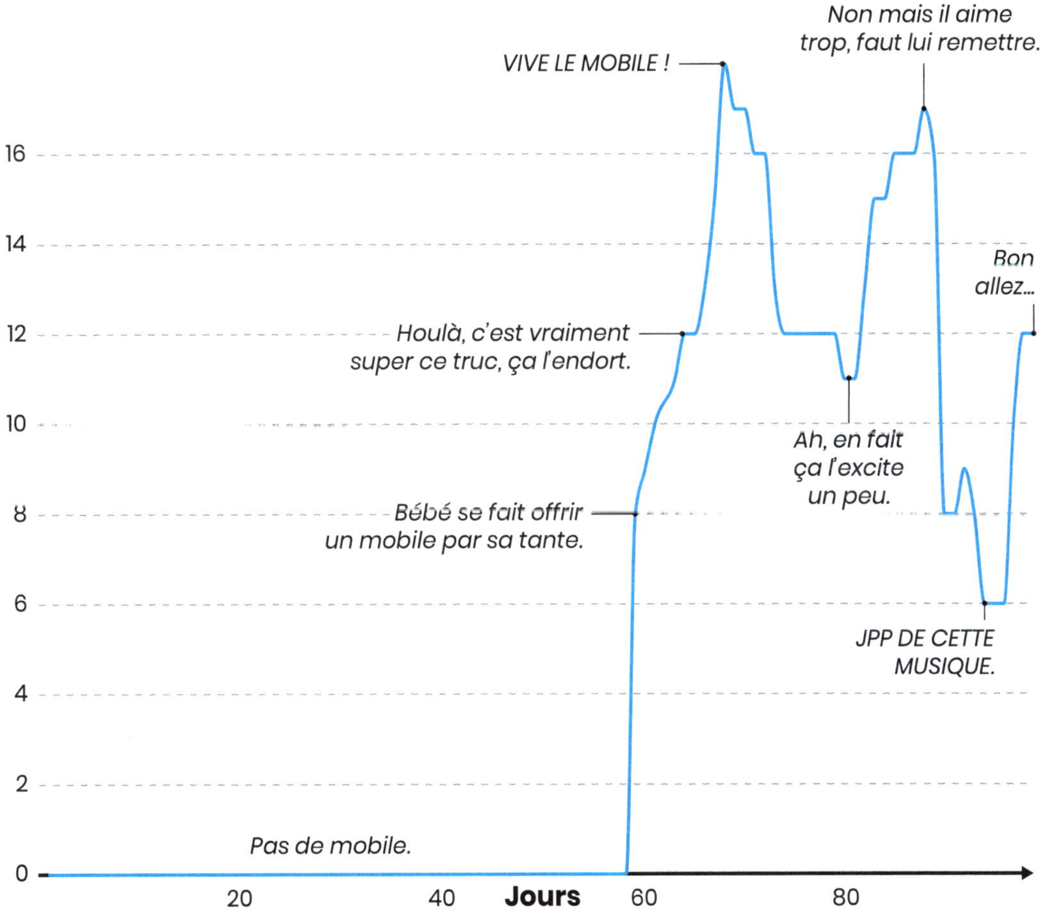

Chapitre 3

Juillet - Août

Cartographie imaginaire
des 5e et 6e mois

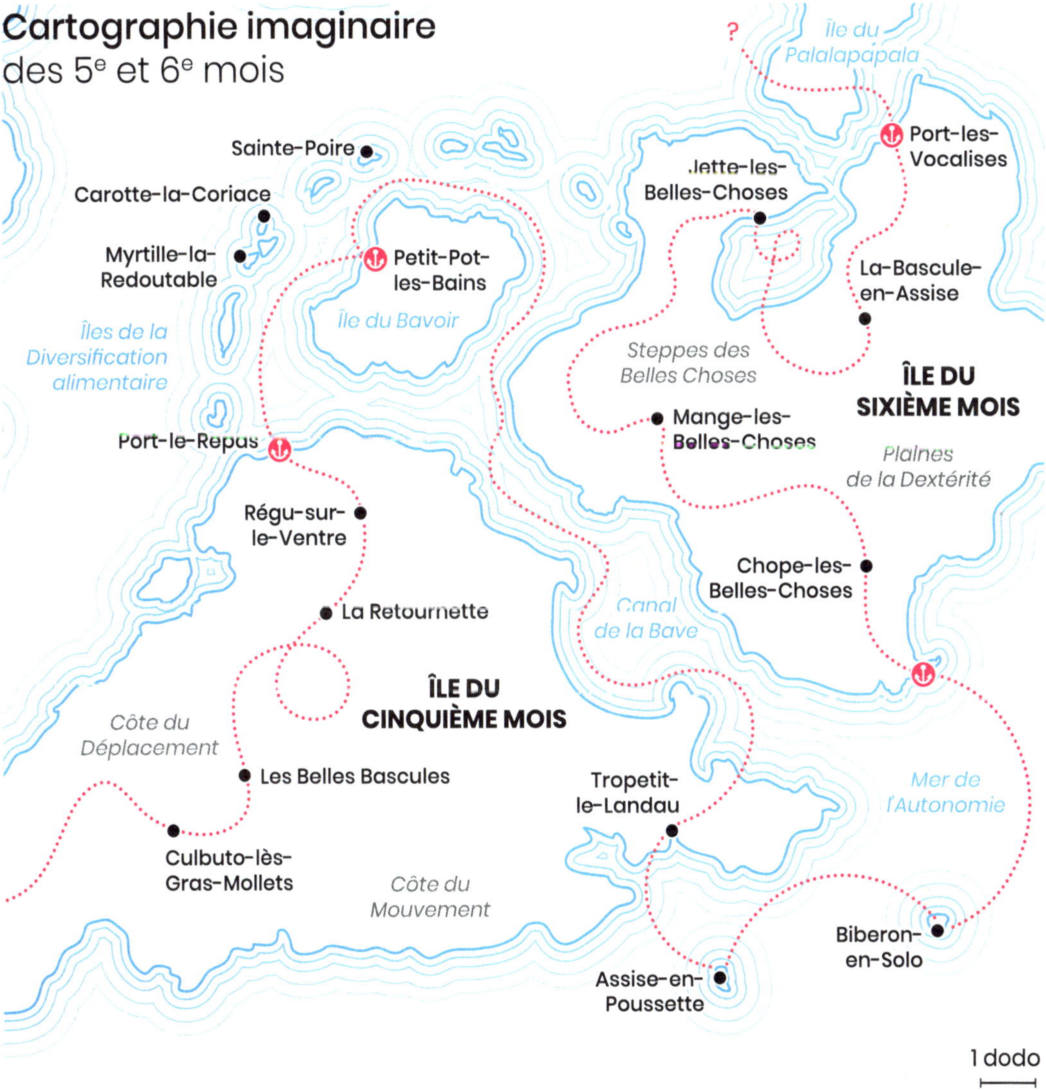

Résultats des élections municipales du bébé,
au premier et au second tour, en pourcentage

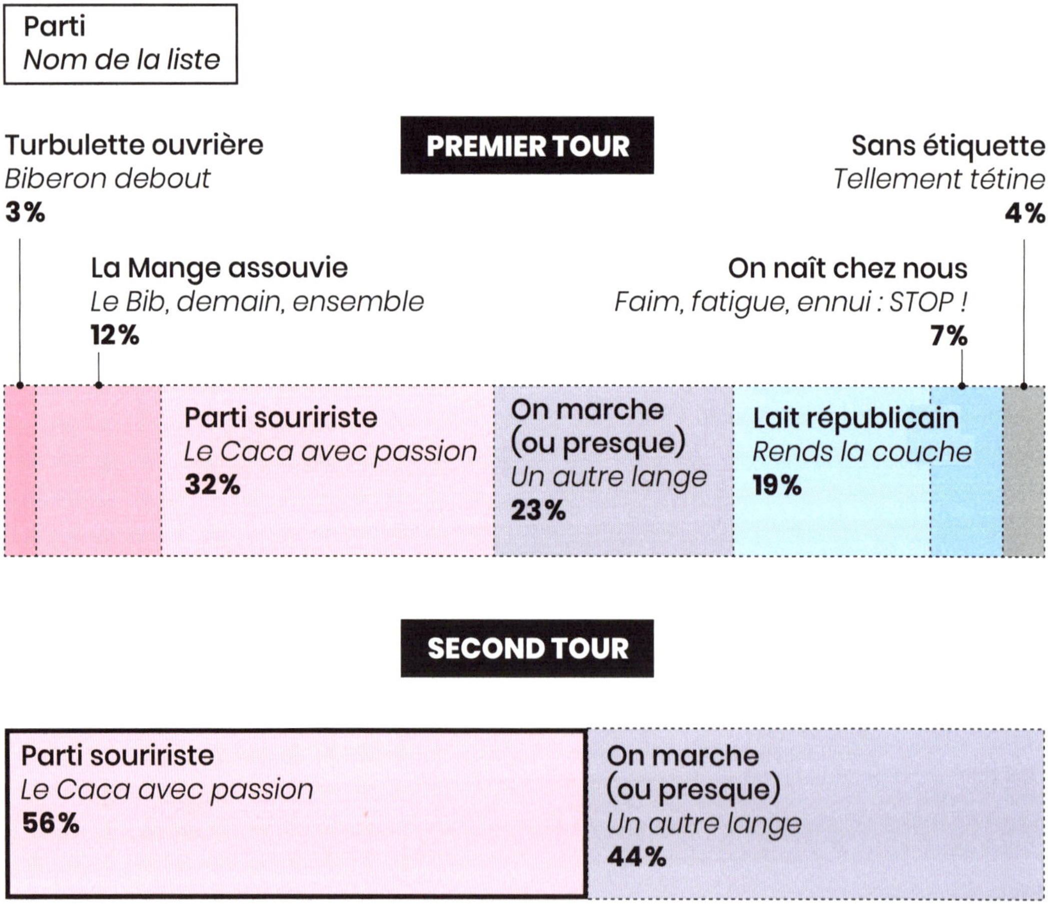

Taux d'éveil moyen* du bébé pendant un voyage en voiture d'une heure

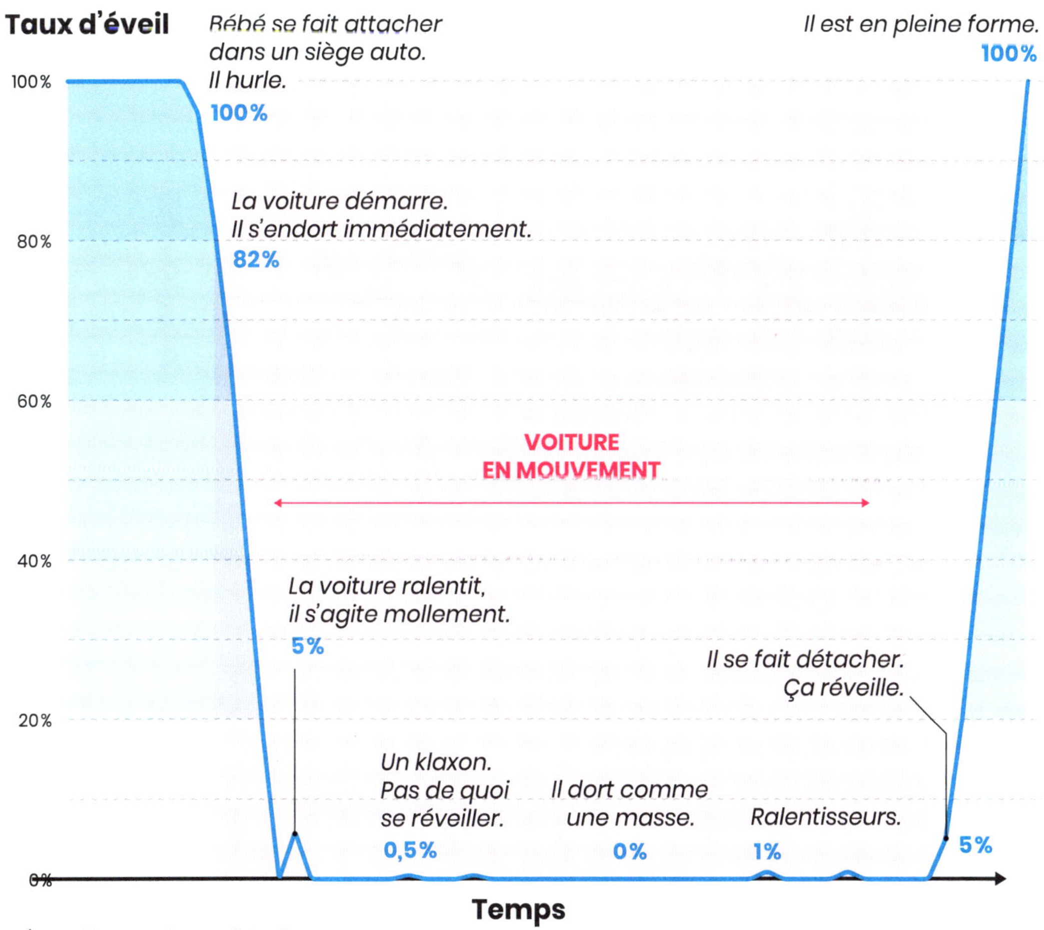

* *Échantillon représentatif de dix voyages.*

Ha-euh

Éructation triomphante lors d’une tentative de communication.
S’accompagne en général de sourires et d’une grande agitation.

Structure d'une semaine avant et après le bébé,
en nombre d'heures de sommeil par jour

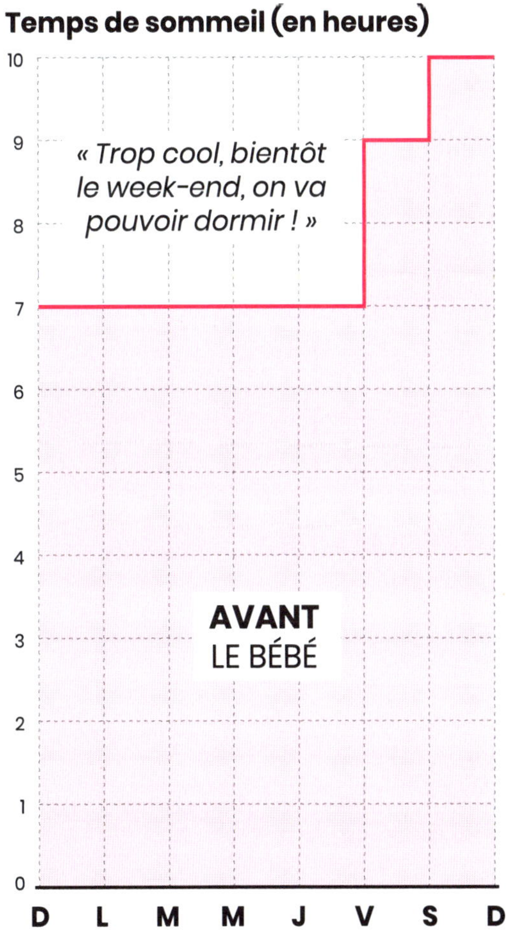

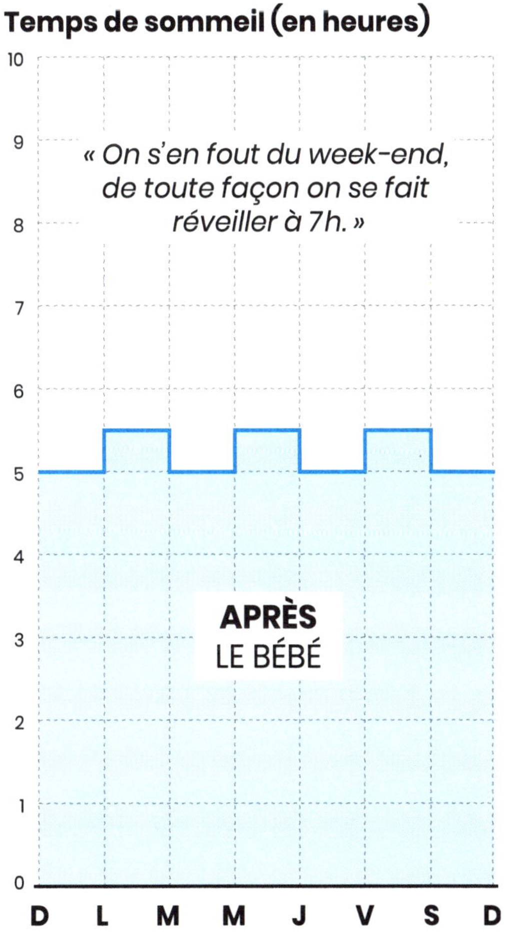

Impact des vacances sur l'heure de réveil

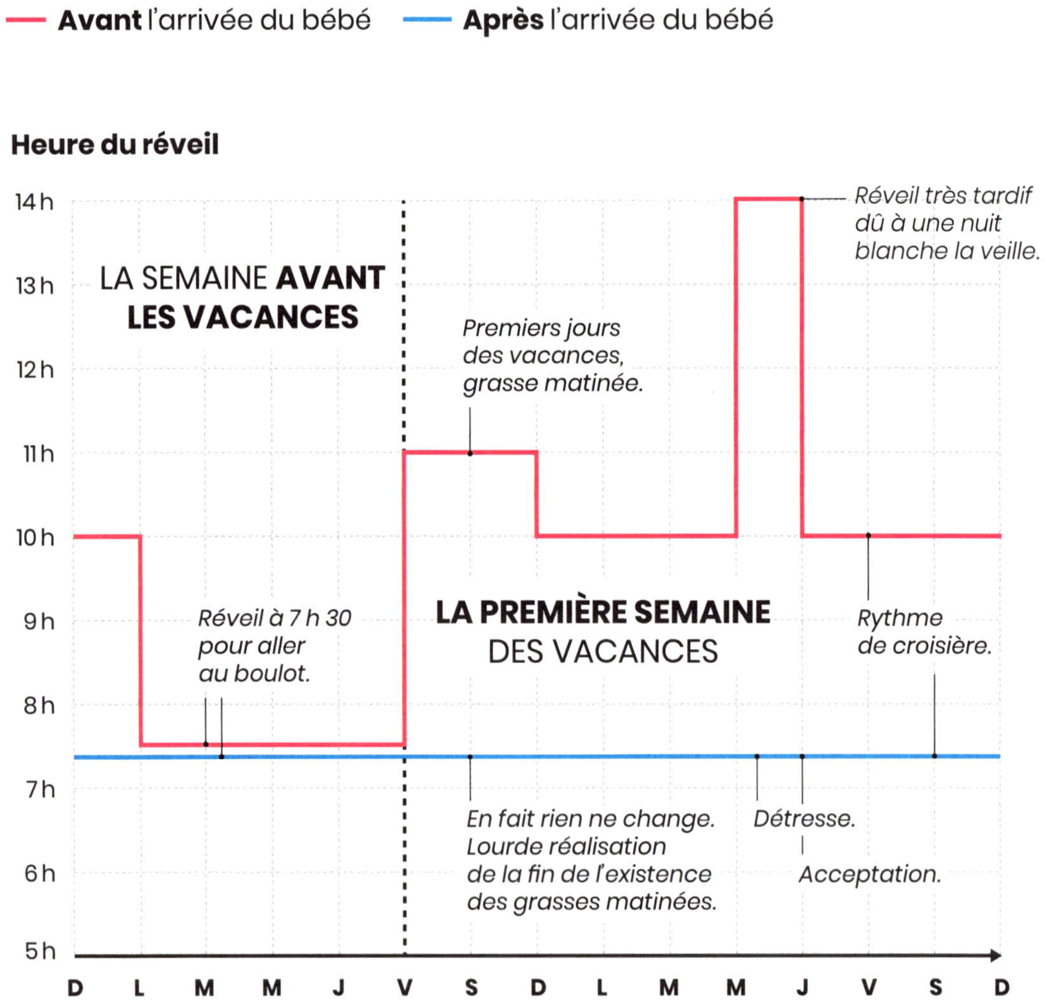

Taux de satisfaction parentale par rapport au nombre d'heures de sommeil, avant et après le bébé

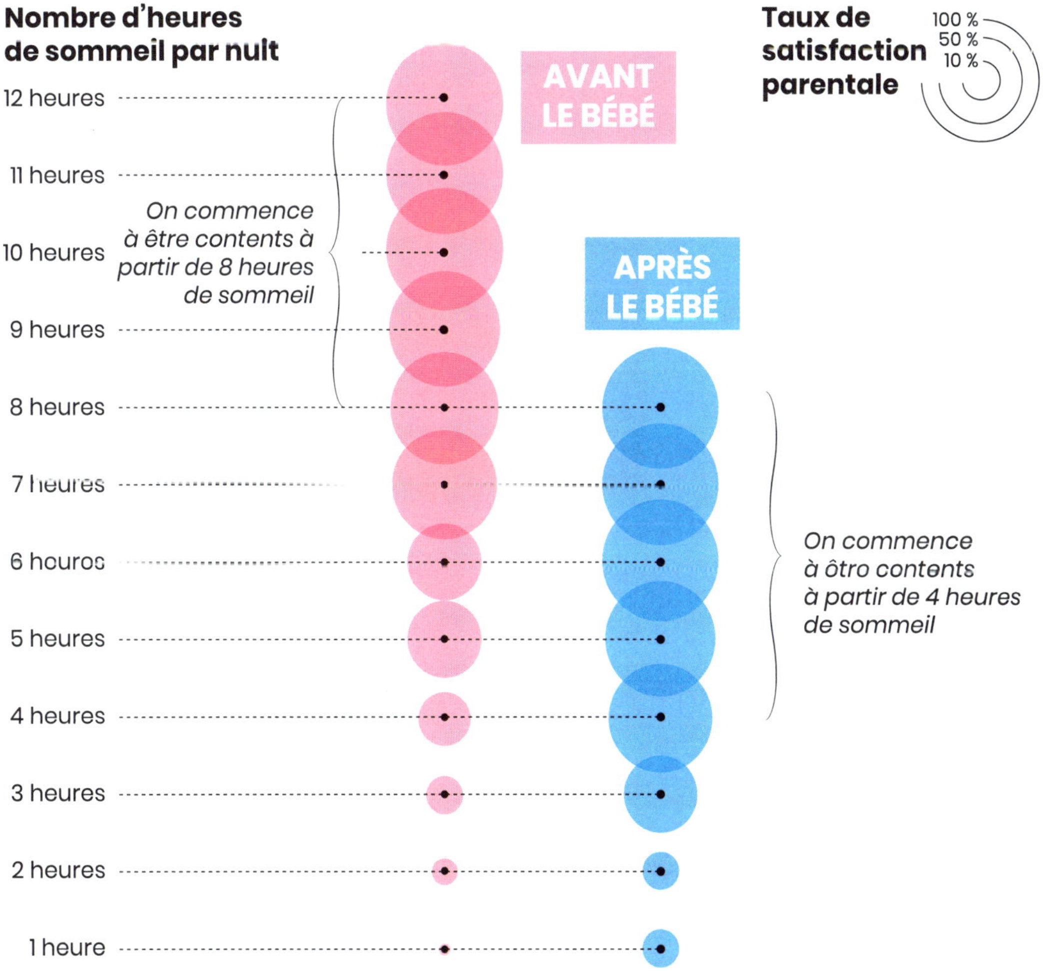

16

C'est le nombre de tentatives nécessaires pour plier le landau et le ranger dans le coffre de la voiture pour la première fois.

Schéma synthétique des problématiques de gestion du chaud et du froid en période de canicule

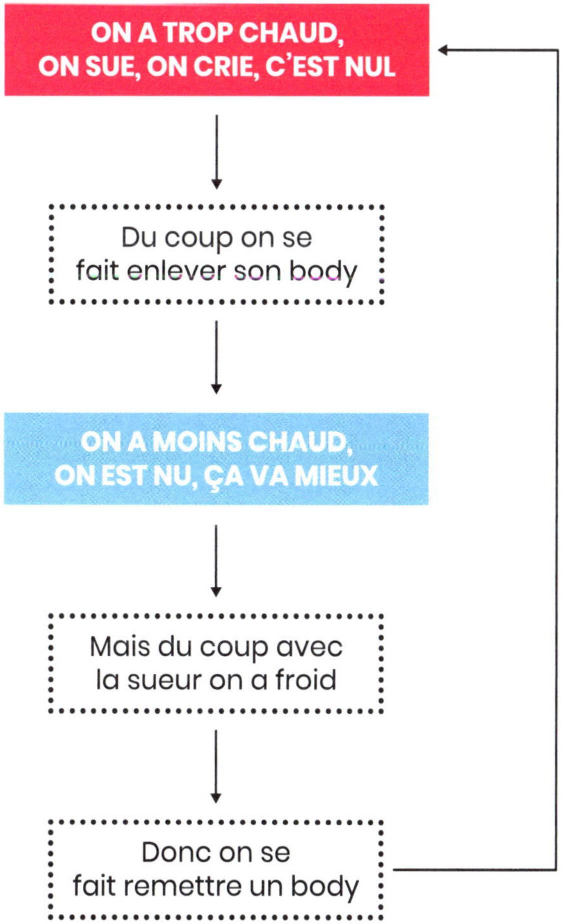

Nombre de graphiques réalisés pendant les vacances : prévisions versus réalité

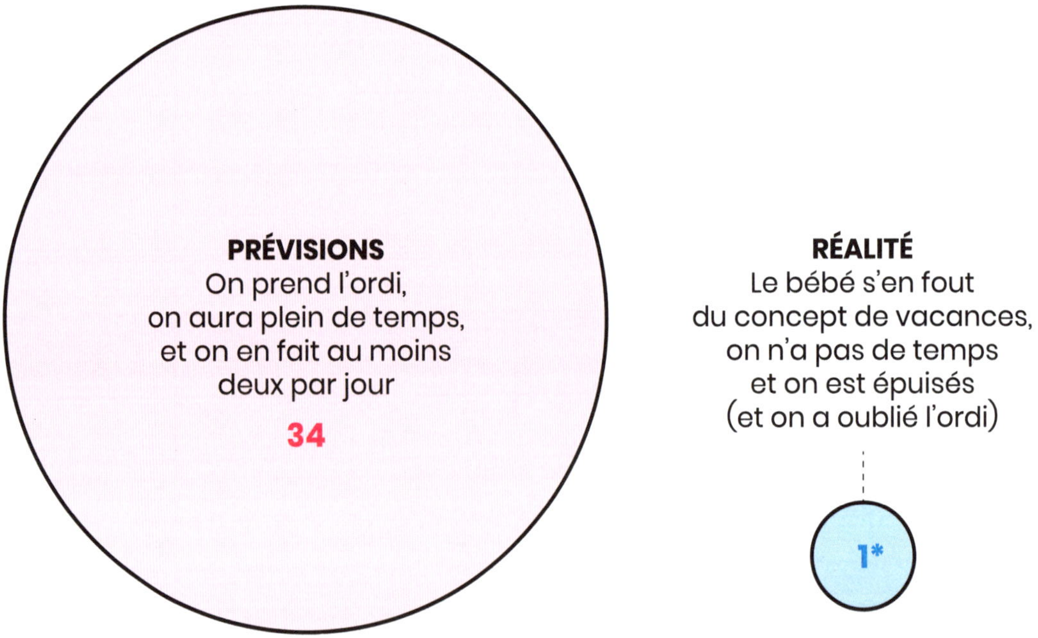

* *Celui-là.*

Destination du contenu du petit pot
lors du repas du bébé

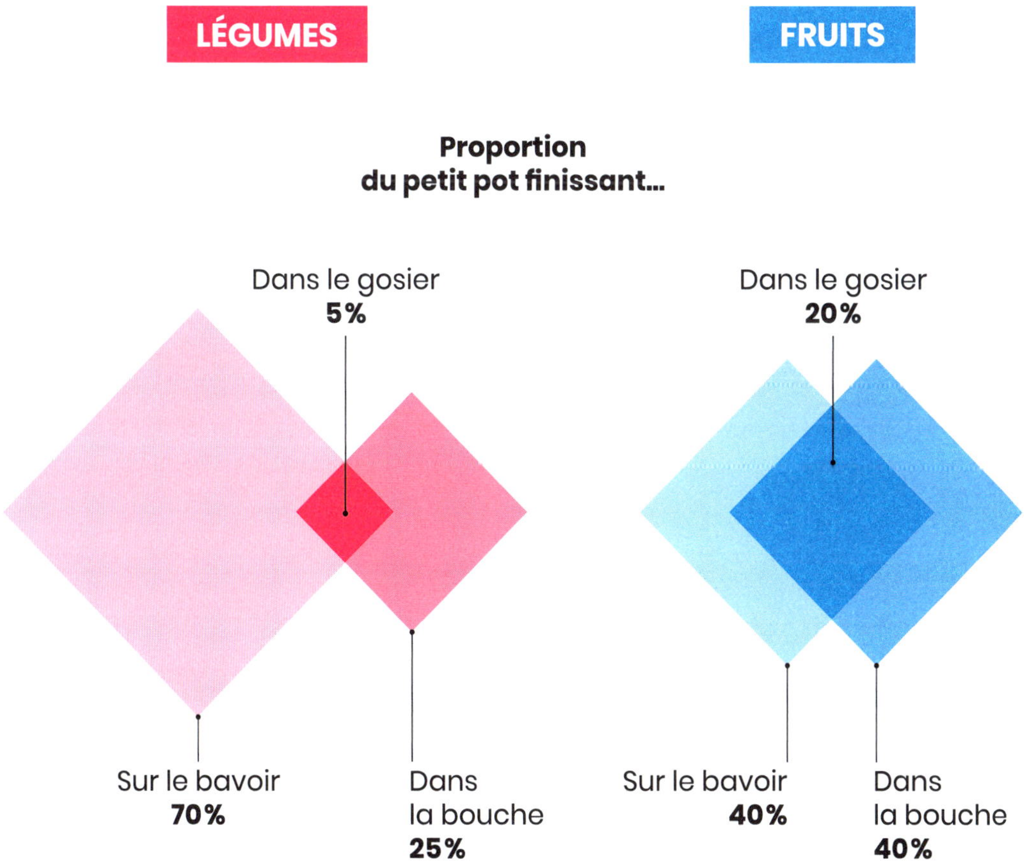

Rhhh

Son rauque et sifflant. Fruit d'une respiration difficile après le biberon, il précède généralement un gros somme.

Localisation des zones à risque de taches sur un body,
en nombre de taches sur une semaine type

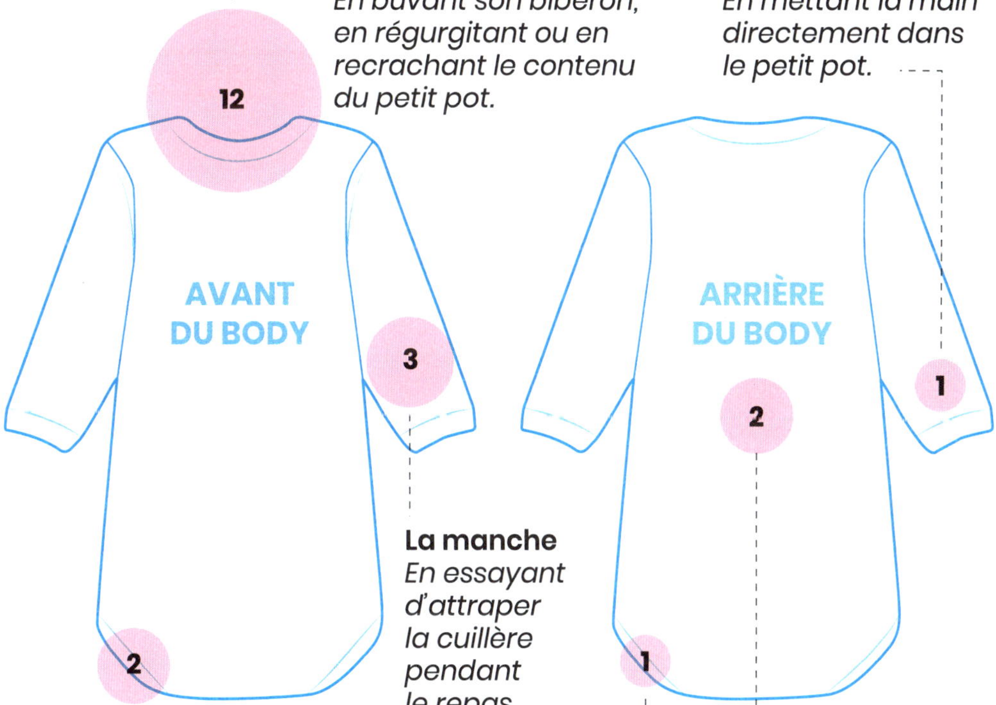

Le col
En buvant son biberon, en régurgitant ou en recrachant le contenu du petit pot.

Arrière de la manche
En mettant la main directement dans le petit pot.

La manche
En essayant d'attraper la cuillère pendant le repas.

Le milieu du dos
Cacas particulièrement copieux avec effet de geyser le long de la colonne vertébrale.

Autour des cuisses
Fuites de couches mal attachées.

Formes récurrentes dans l'expression artistique du bébé pendant les repas

LE GRAND SPLASH

Quand on fait tomber de la purée de haut.

INTENSITÉ : 4
Projette vraiment bien, et à des endroits inattendus.

VOLONTÉ ARTISTIQUE : FAIBLE

LE SPRAY

Quand on fait « Pfffft » juste après avoir pris une cuillerée de purée.

INTENSITÉ : 5
Recouvre le lange et les environs immédiats. Papa et Maman en ont littéralement dans les cheveux.

VOLONTÉ ARTISTIQUE : BOF

LA GICLÉE

Quand on attrape la main qui tient la cuillère ou qu'on la cogne d'un geste sec.

INTENSITÉ : 2-5
Quitte ou double : peut couvrir 10 centimètres comme 1 mètre.

VOLONTÉ ARTISTIQUE : EXPÉRIMENTALE

LA COULURE

Sur le menton, puis le bavoir ou l'épaule.

INTENSITÉ : 2
Ça va, ça se gère.

VOLONTÉ ARTISTIQUE : INEXISTANTE

LE MOUCHETIS

Quand on rit la bouche pleine.

INTENSITÉ : 3
Ça va, si on plisse les yeux et que c'est des petites taches, on peut ptète faire comme si on avait pas vu ? Ah non, ça colle.

VOLONTÉ ARTISTIQUE : NON

LA TRAÎNÉE

Quand on passe sa main dans la purée, puis qu'on étale bien.

INTENSITÉ : 3
C'est relou, mais ça va, il n'y en a que sur lui.

VOLONTÉ ARTISTIQUE : OUI MAIS NON

Évolution de la popularité de Papa et Maman
pendant un biberon

— Dans les bras ··· Pas dans les bras

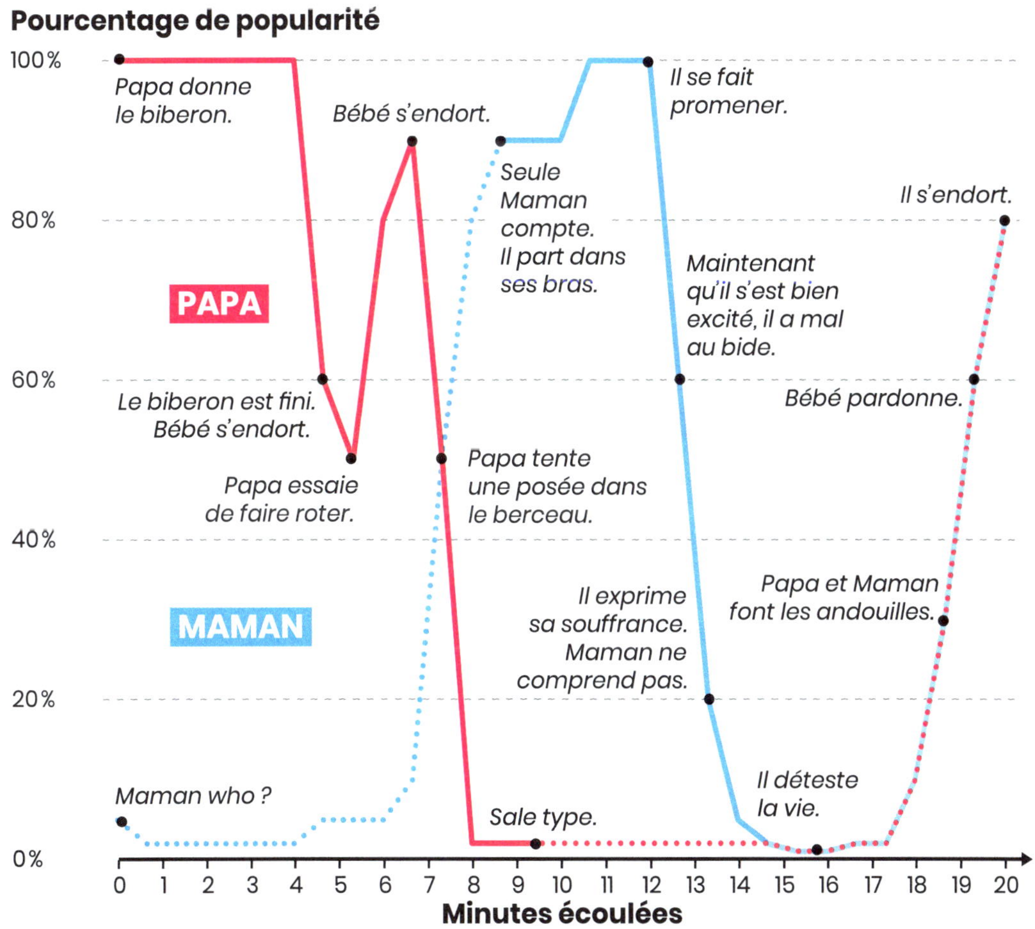

63

Pourcentage de risque de s'embrouiller en comptant les dosettes de lait pour le bib et de tout recommencer pour être sûr.

Mots les plus employés en s'adressant au bébé
en nombre moyen d'occurrences par jour

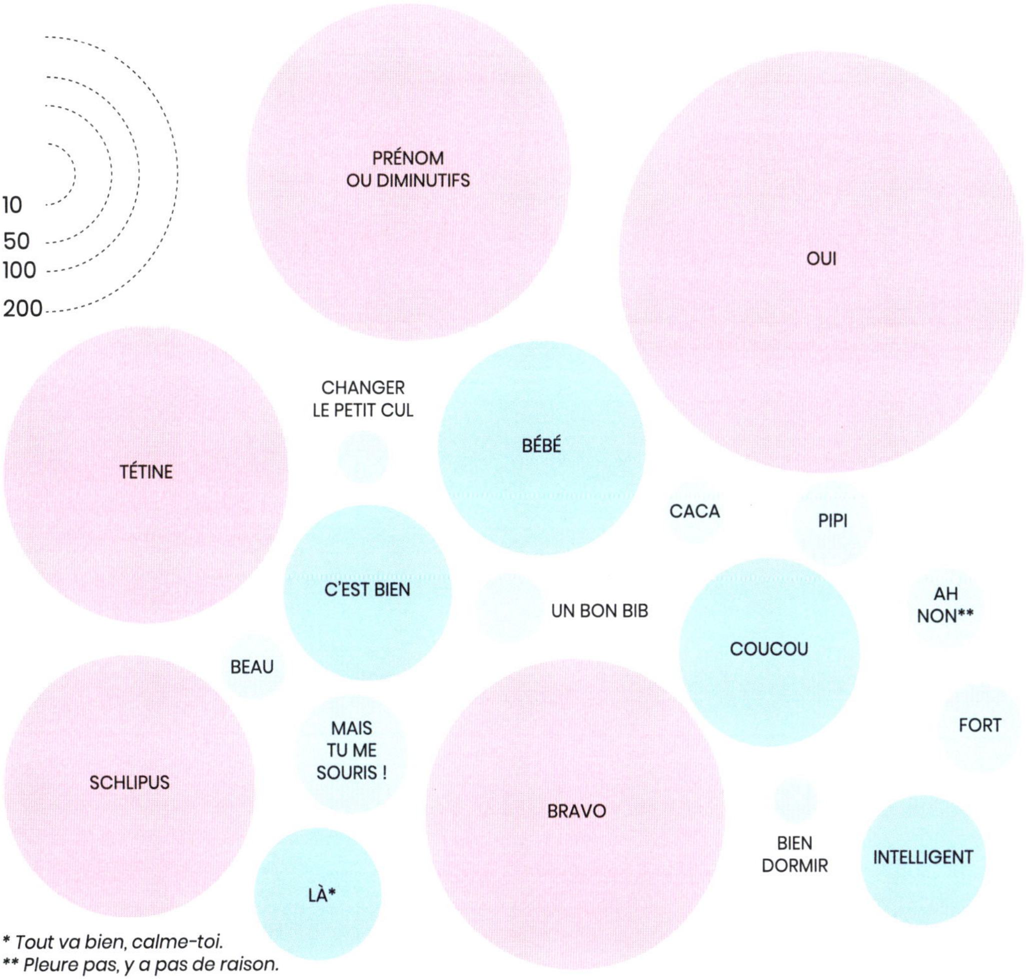

** Tout va bien, calme-toi.*
*** Pleure pas, y a pas de raison.*

Différents schémas d'endormissement possibles
lors d'une sieste ou d'un coucher

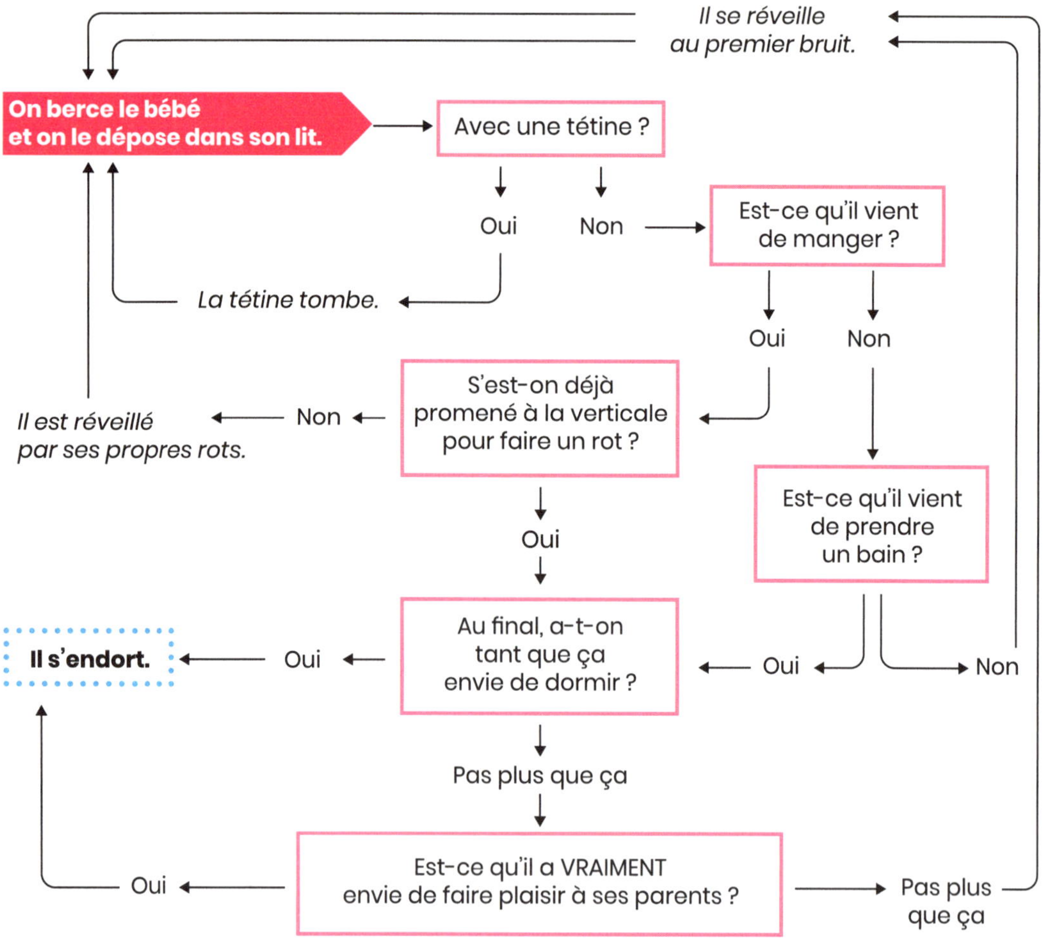

Minutes de cris nécessaires pour avoir l'impression de devenir fou, en fonction de l'heure

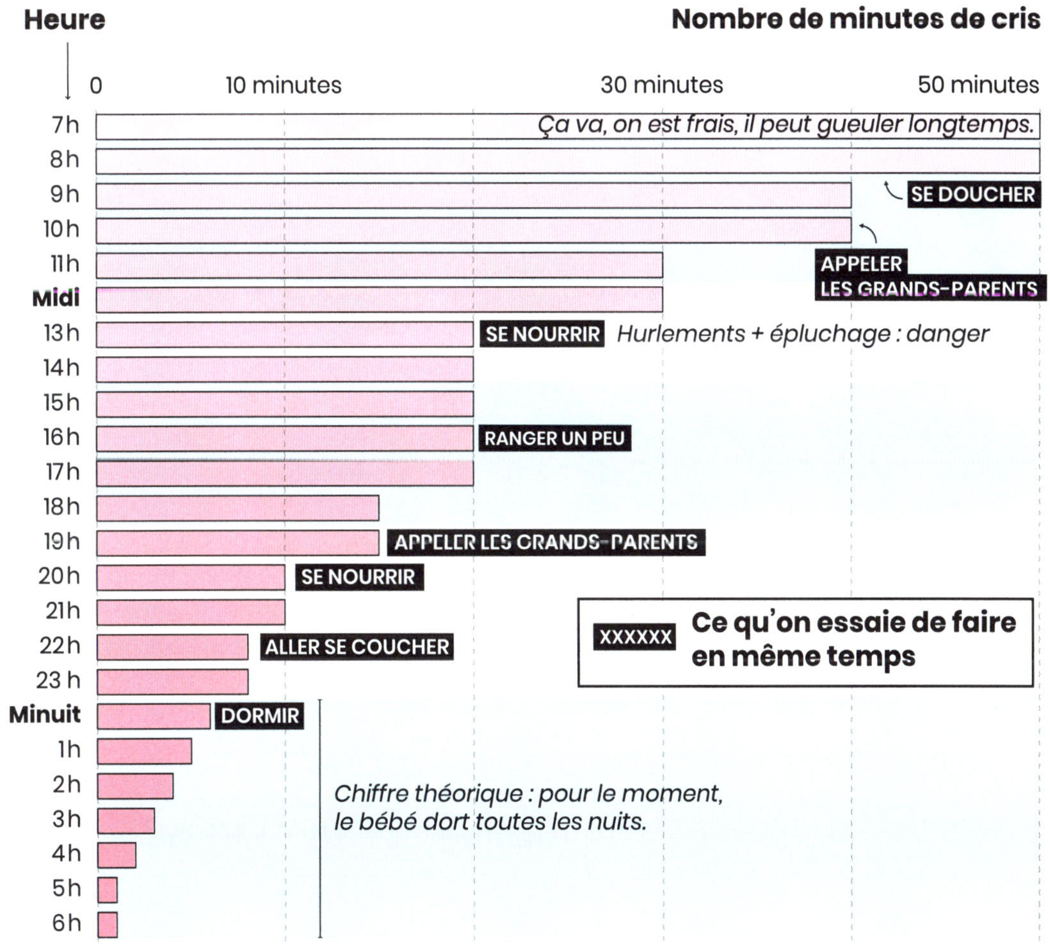

Haaaa
aaaaa
aaaaa
aaaaa

Hurlement court mais d'une grande intensité, occasionné par la douleur et la surprise du premier vaccin. Notion de trahison.

Évolution des taux de kiff, d'inquiétude et de mauvaise conscience quand le bébé n'est pas là

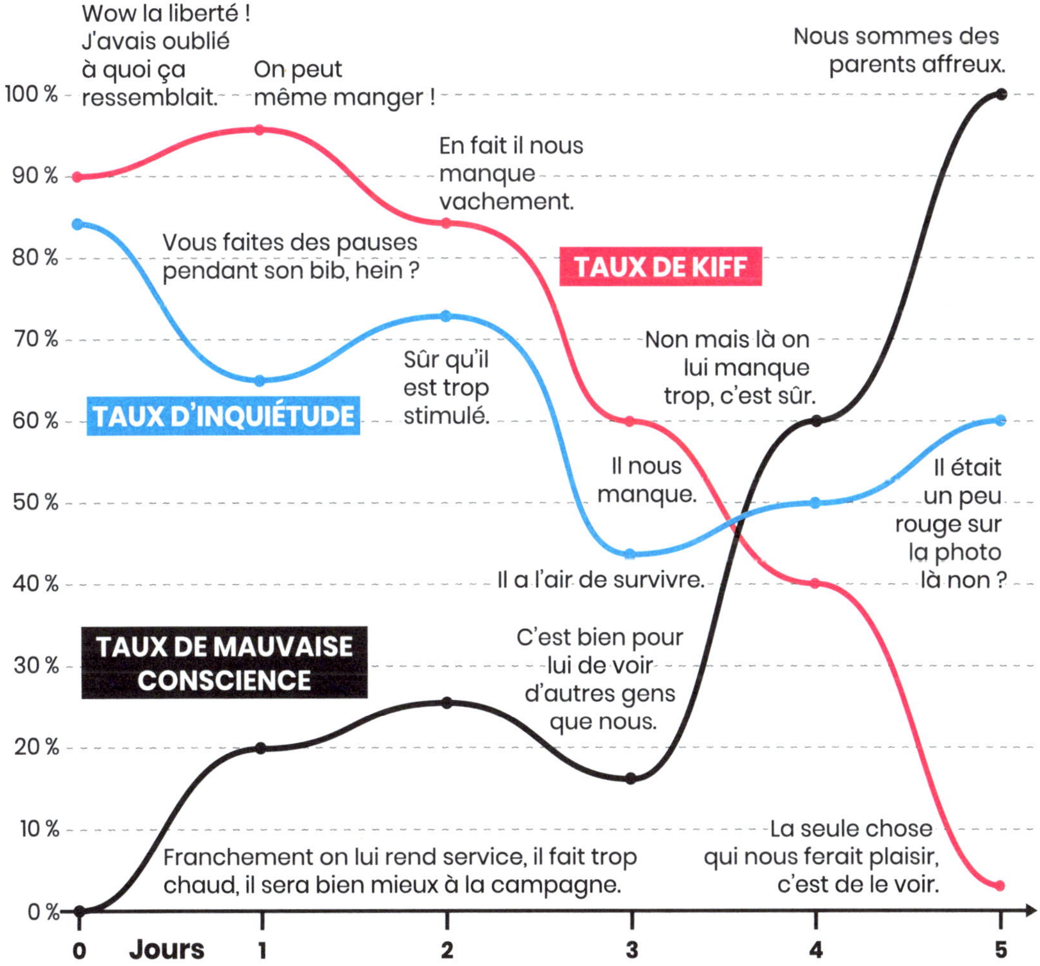

Cartographie des peurs parentales et des dangers menaçant le bébé

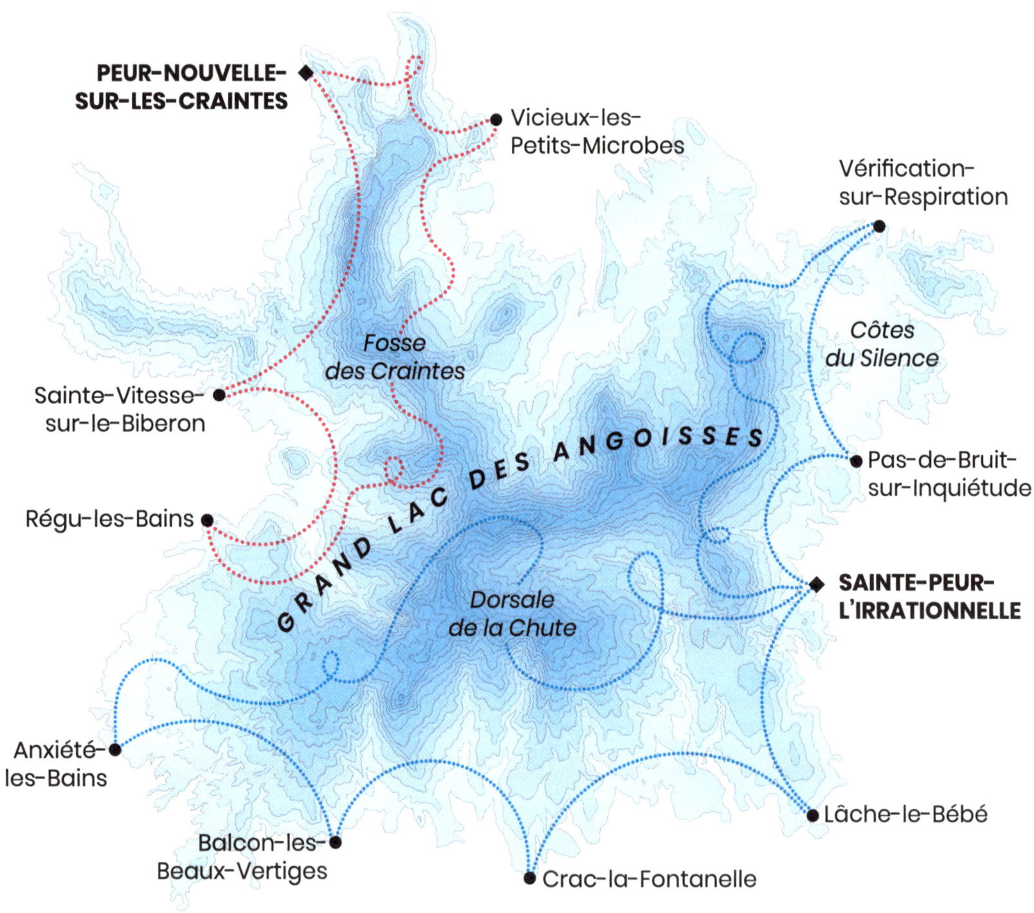

Évolution du taux d'angoisse parentale en fonction de l'intensité des bruits
en l'absence de contact visuel avec le bébé

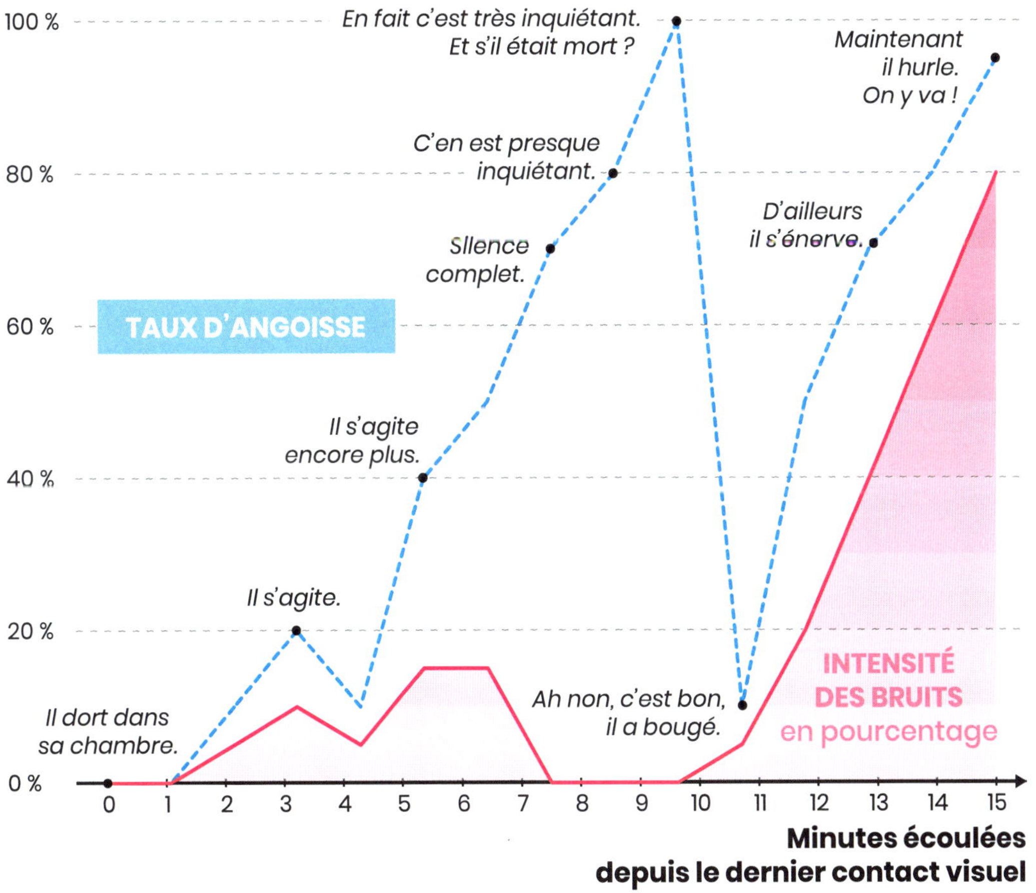

2

C'est le nombre de fois qu'il a fallu à Papa pour saisir qu'il fallait laver tout de suite le caca à la main pour oser espérer faire partir la tache.

Répartition des occupations d'un dimanche type
avant et après le bébé

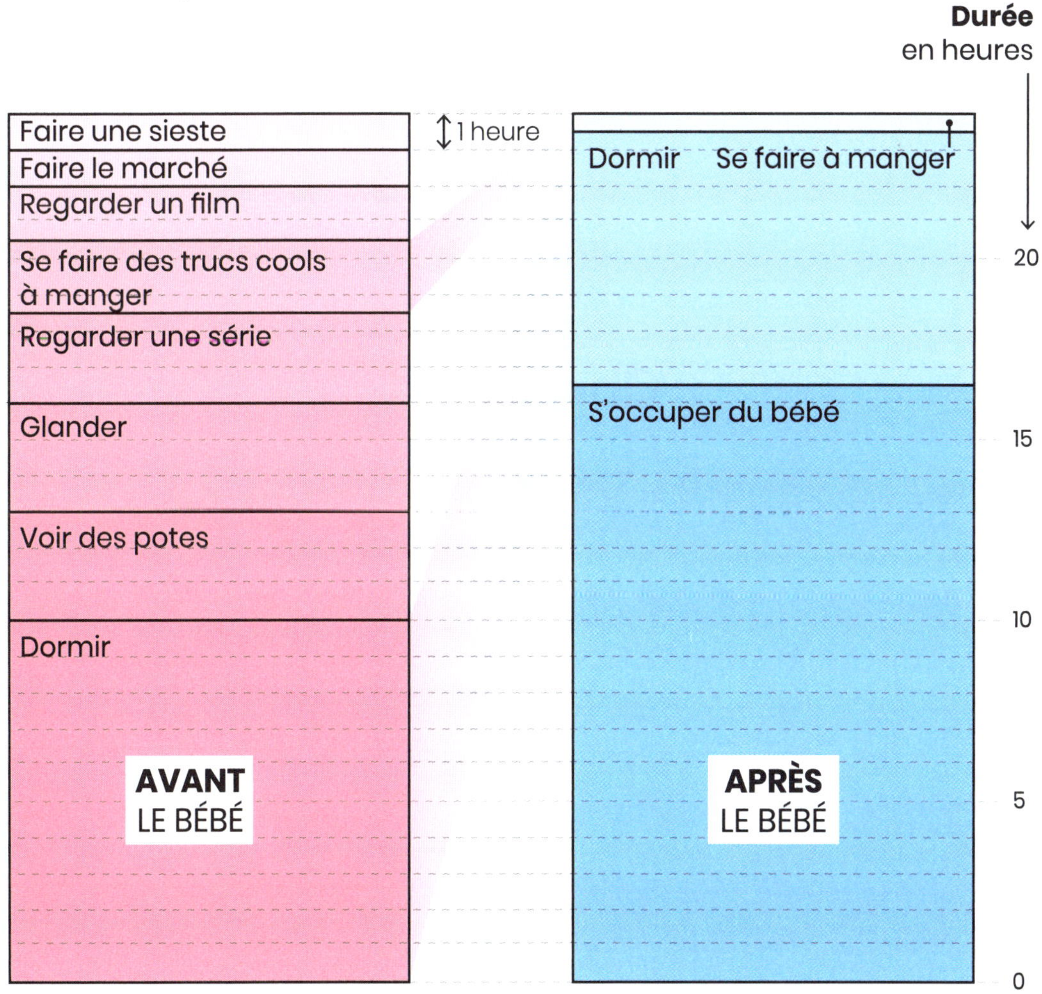

Chapitre 4

Septembre - Octobre

Cartographie imaginaire des 7e et 8e mois

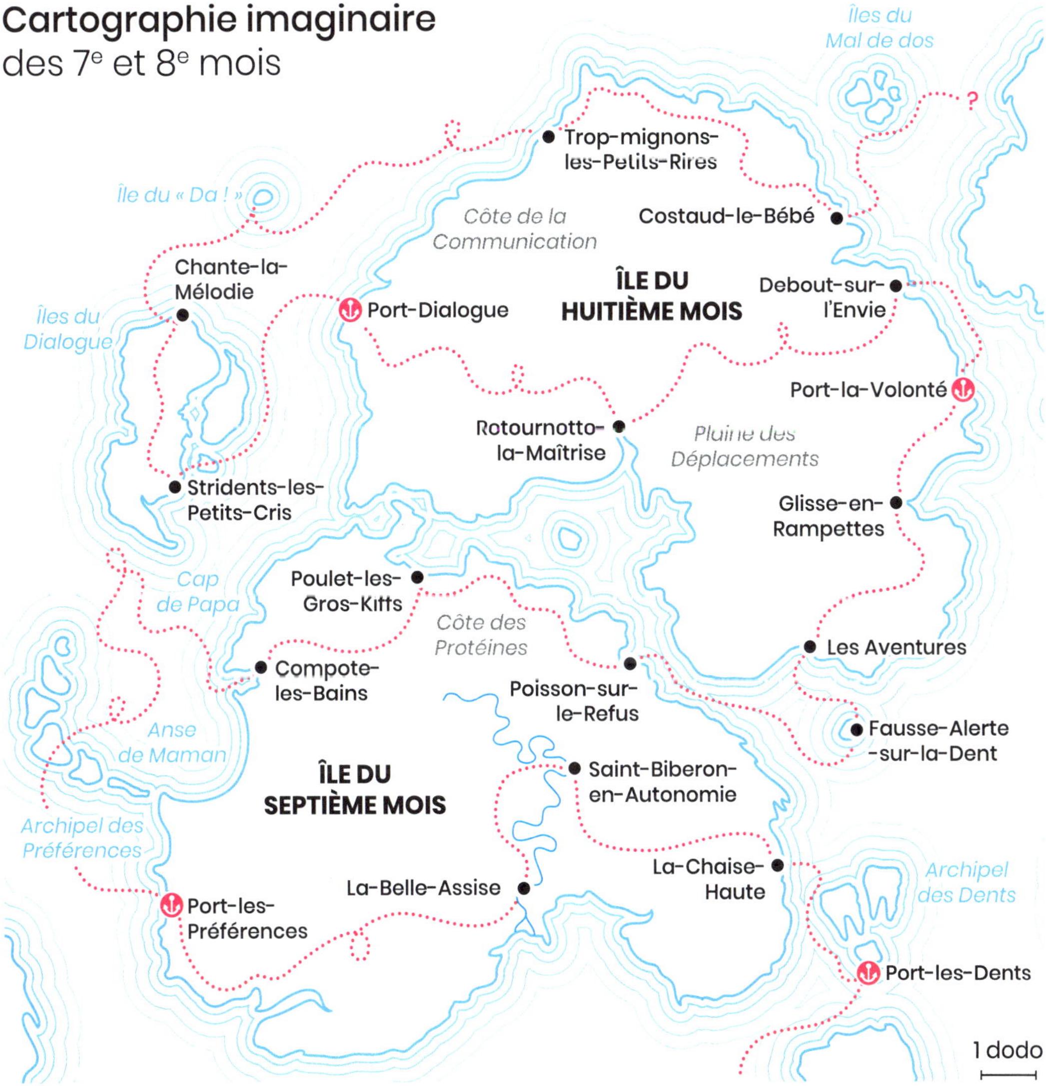

Taux d'angoisse lors de la première journée passée par le bébé chez sa nourrice

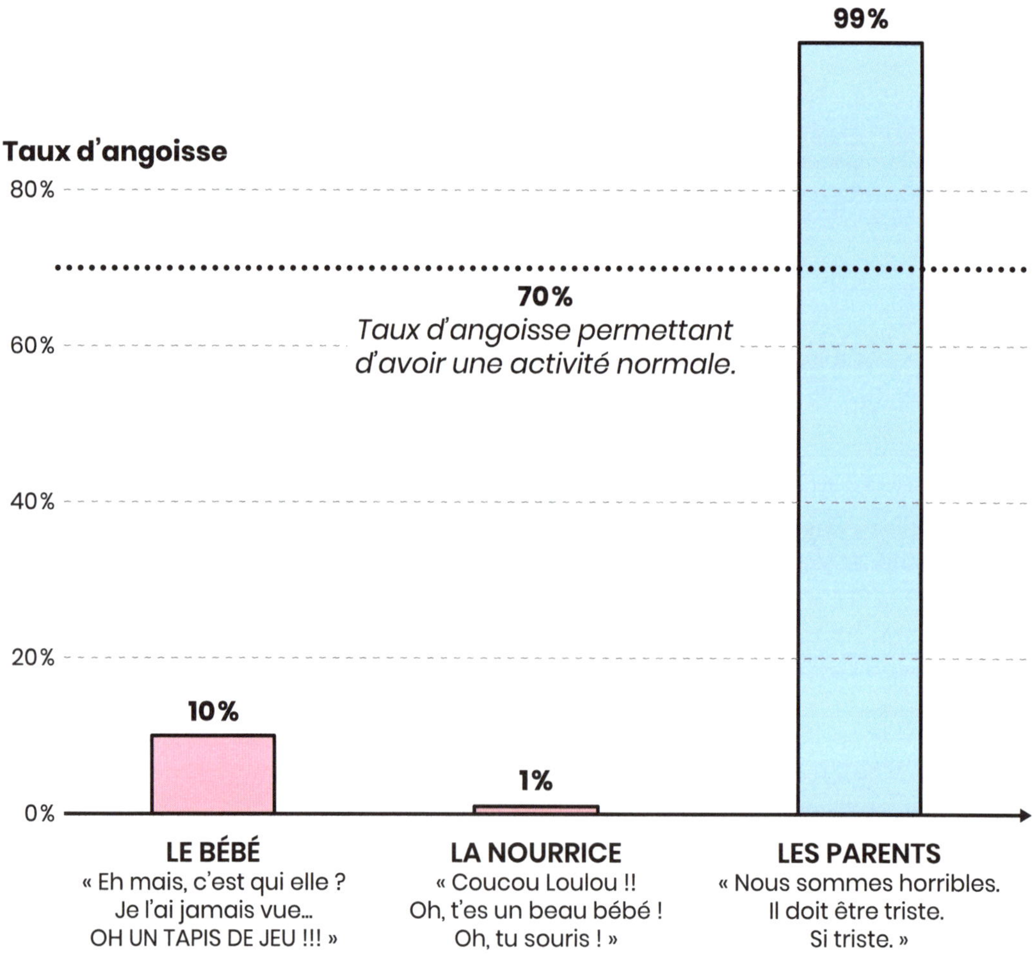

Décomposition du temps passé avec le bébé tous les jours avant et après l'assistante maternelle

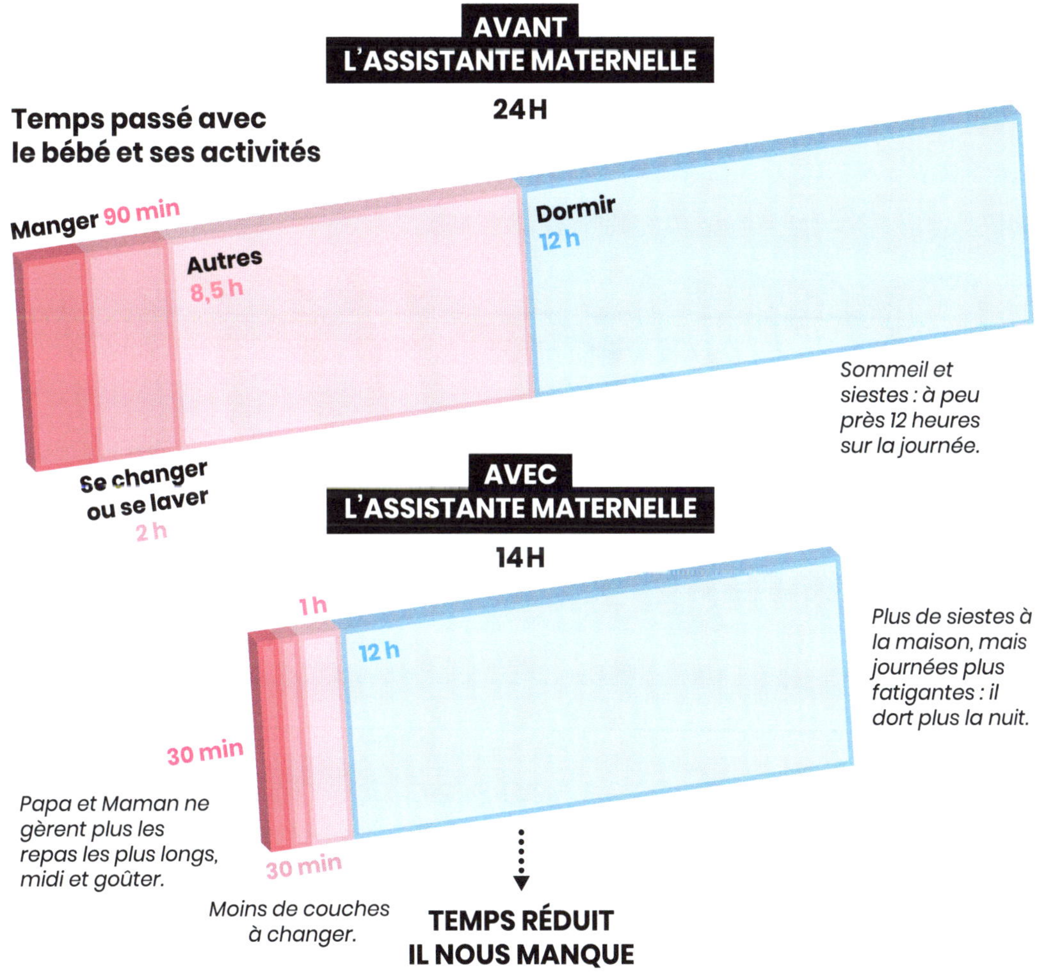

Pffll**rrllff**tt

Son hilare accompagné d'un flot de bave continu et de quelques bulles.
Encadre un sourire béat.

Potentiel de concomitance des activités du bébé
en théorie et en pratique

Réponse à la question « Est-ce que le bébé peut le faire en même temps ? »

En théorie En pratique O Quand la pratique diffère de la théorie

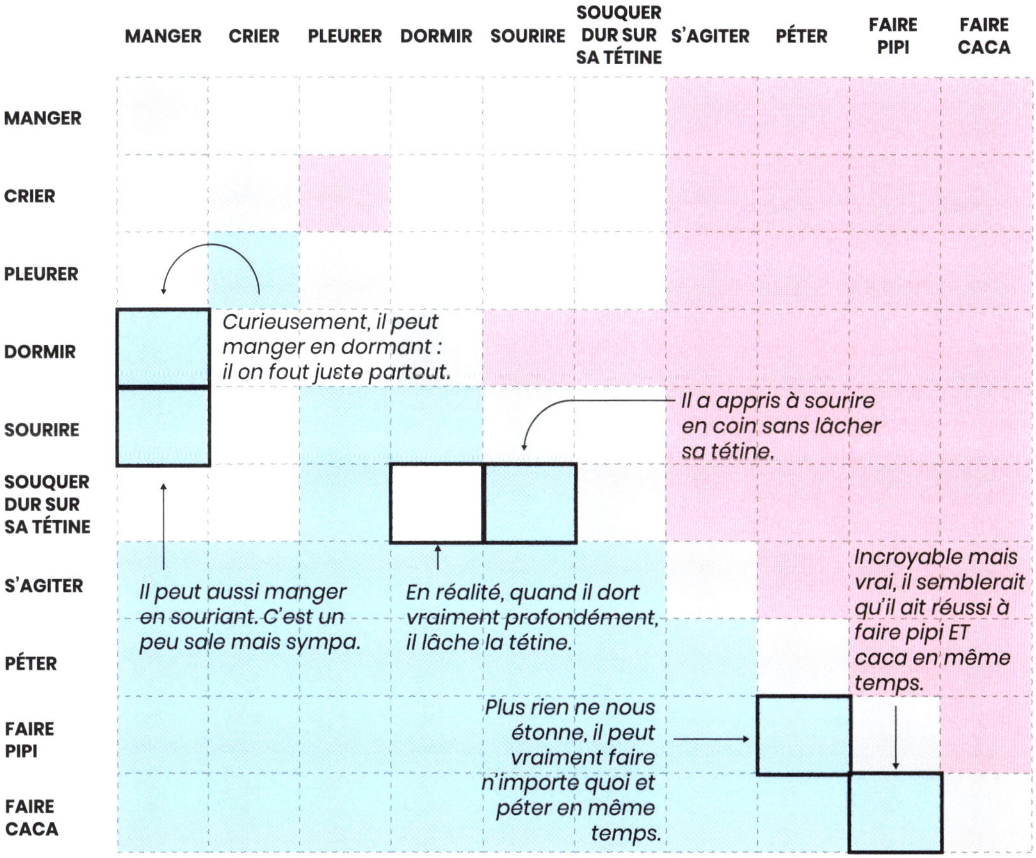

Axe moyen du bébé en fonction de son évolution
(le jour, hors bras des parents)

MOIS 1 & 2

Landau, tapis de sol. Bébé est couché tout le temps.

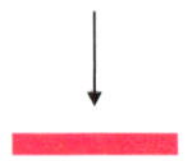

MOIS 3

De temps en temps, on prend la voiture. Mais globalement il est couché.

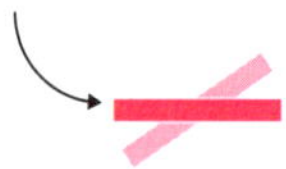

MOIS 4

Il en a marre d'être couché. Il veut regarder ce qu'il se passe, bon sang !

MOIS 5

On passe à la poussette. Parfois en position assise, mais pas trop, Papa et Maman ont peur pour le dos.

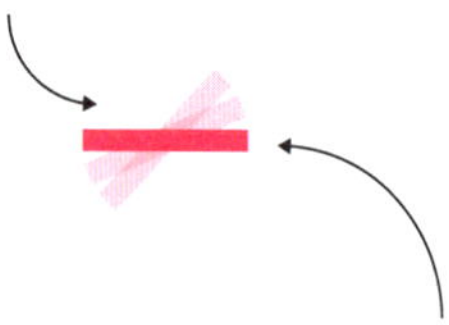

Du coup, il est surtout couché.

MOIS 6

On est de plus en plus en position assise dans la poussette.

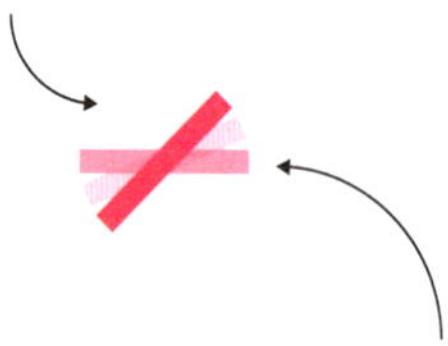

On ne délaisse pas le tapis de sol ou la position inclinée pour autant.

MOIS 7

D'ailleurs, il sait tenir assis tout seul ! (presque)

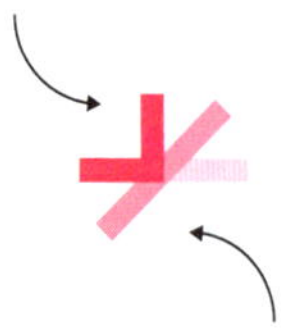

Mais sinon, la poussette, c'est cool aussi.

Évolution du nombre de dents sur les 7 premiers mois
et taux de préparation parentale

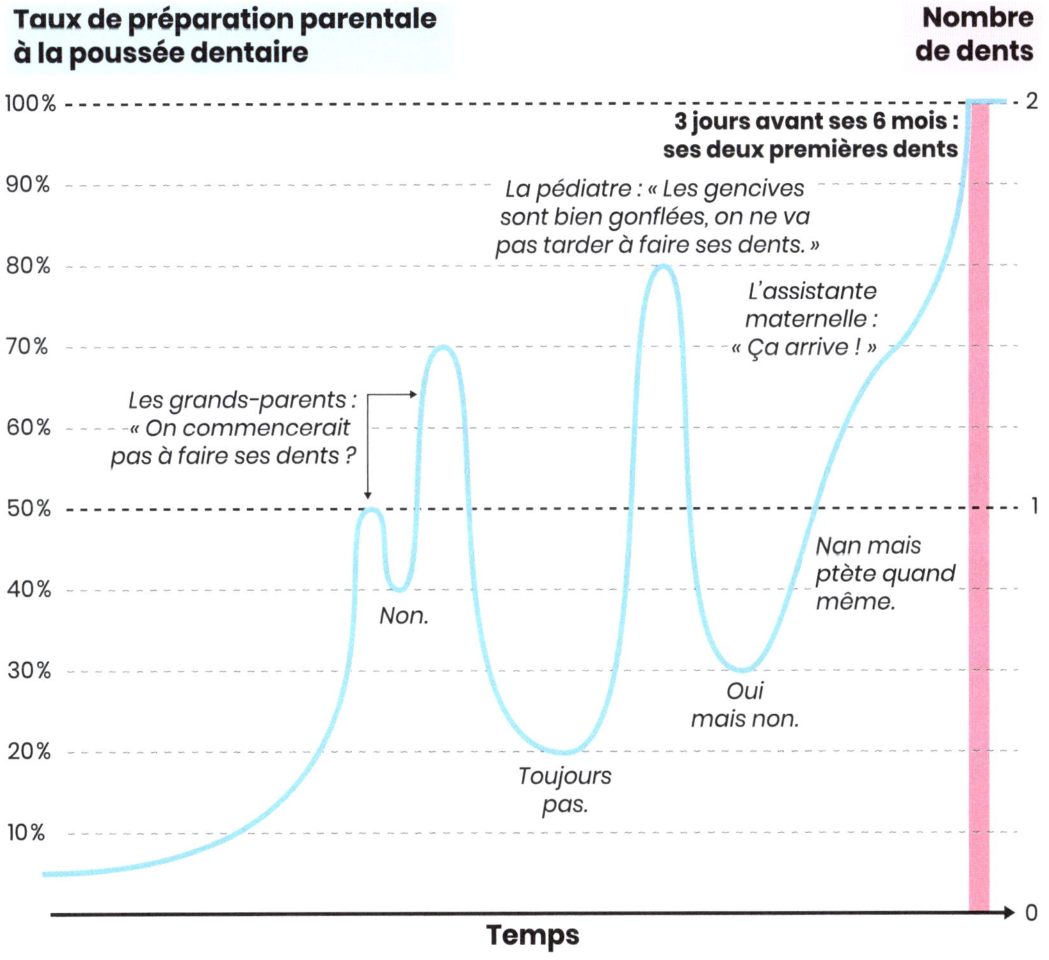

4

C'est, par jour, le nombre de fois où l'on tartine frénétiquement de la crème sur ses fesses irritées (moyenne sur 7 jours). *Moyenne ressentie : 12.*

Propagation de la nouvelle de l'arrivée de deux dents au sein des cercles proches et familiaux

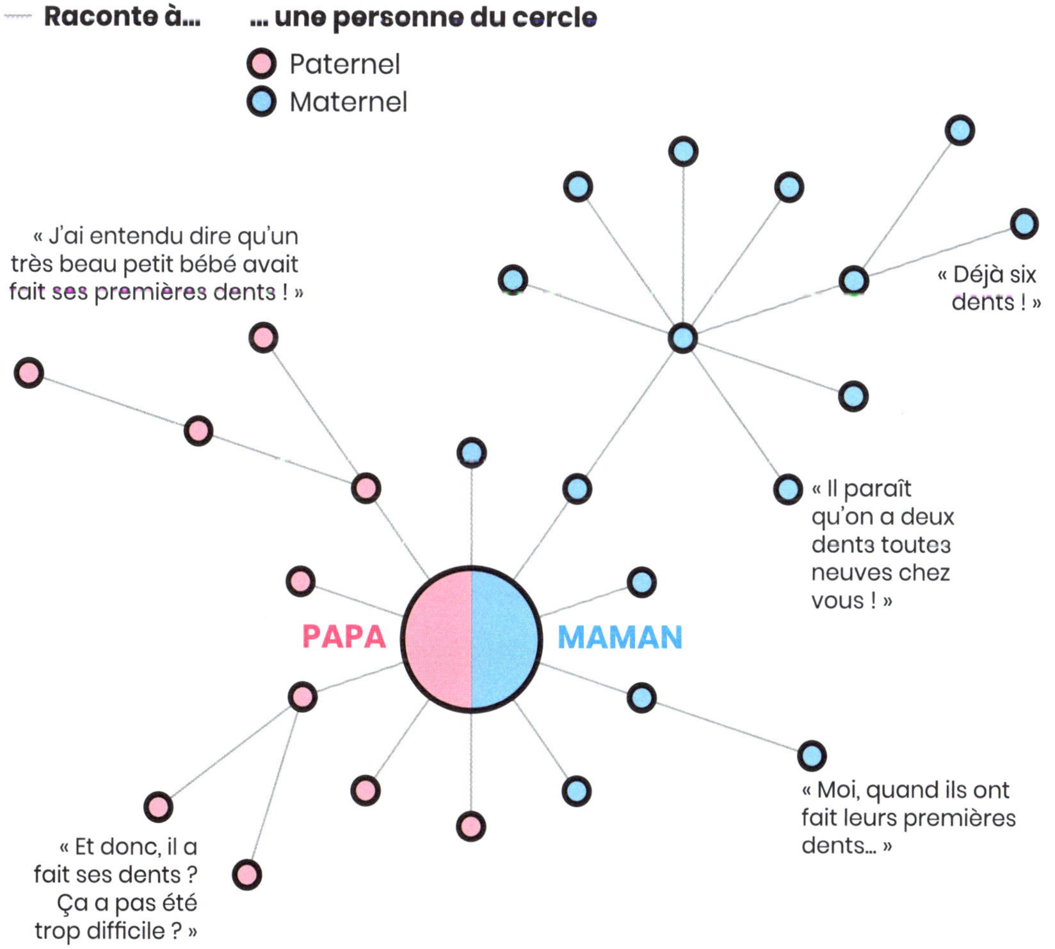

Motivation à préparer des petits pots maison en théorie et leur consommation réelle sur 3 mois

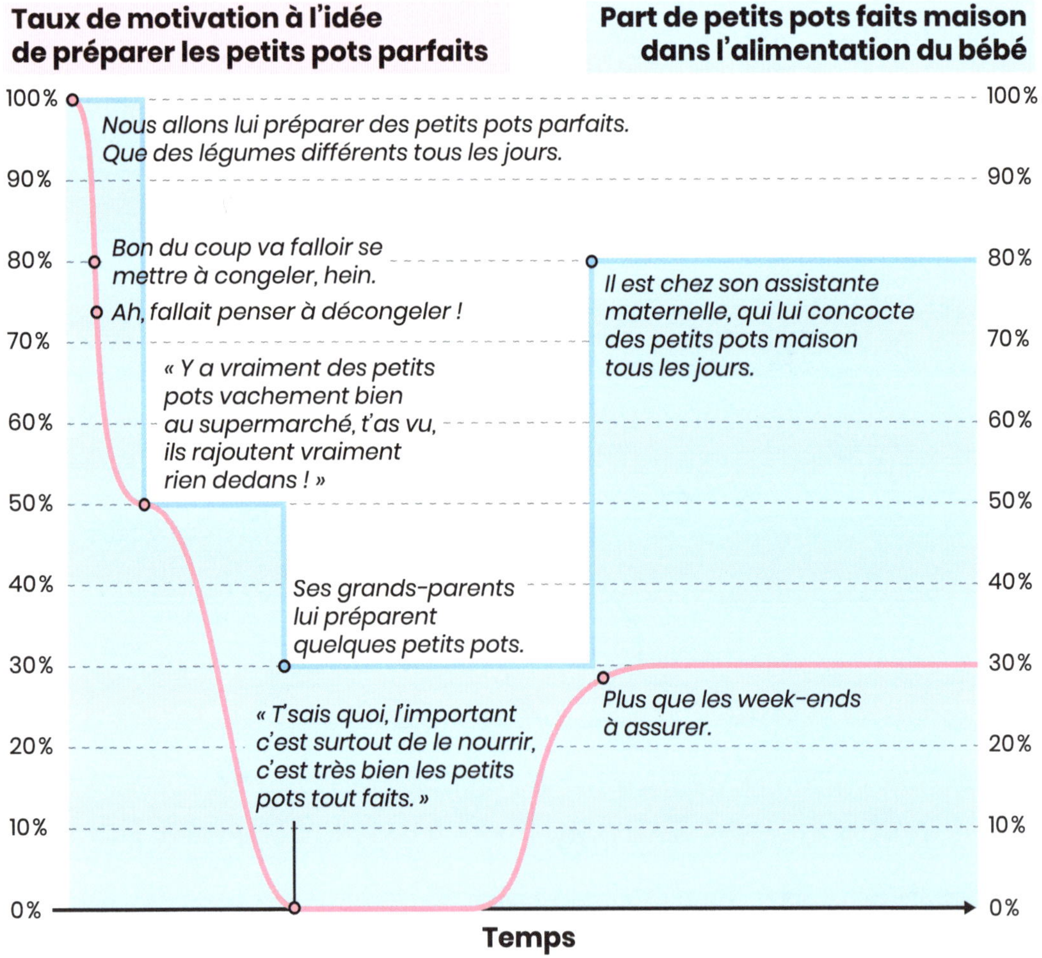

Caractéristiques comparées des activités du bébé pendant une douche avec Papa ou Maman

Se faire masser par le jet d'eau

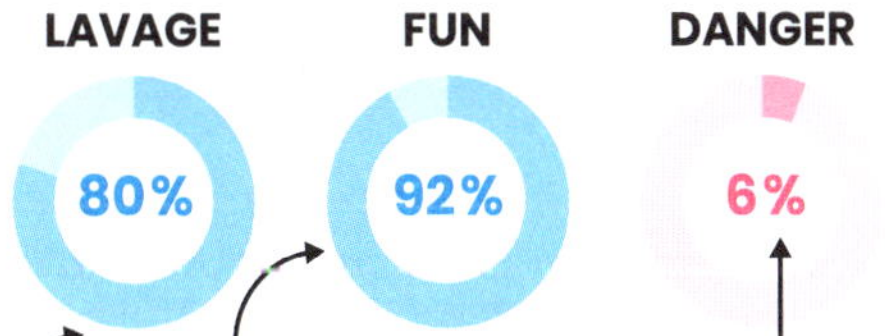

Énorme.

Excellent potentiel de lavage.

Toujours une part de danger avec un bébé mouillé dans les bras.

Attraper le jet d'eau

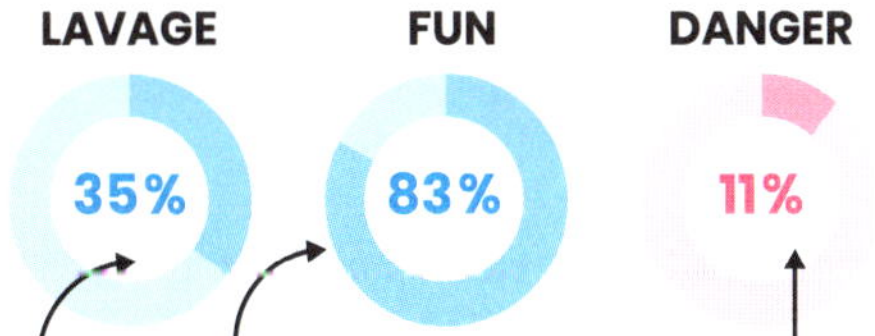

Conséquent.

Moins de potentiel de lavage, mais non négligeable.

Bébé s'agite, le danger augmente.

Essayer de boire de l'eau chaude

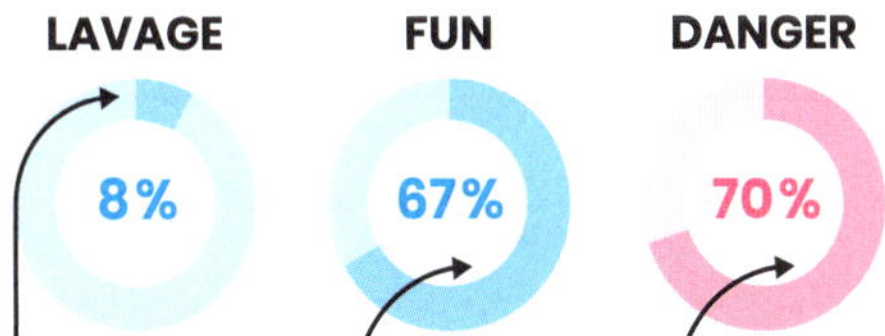

Ça lui nettoie le visage, mais bon.

Vachement pas mal fun quand même.

C'est de l'eau chaude, ça se boit pas !

Attraper les petits cheveux au-dessus des oreilles parentales et tirer très fort

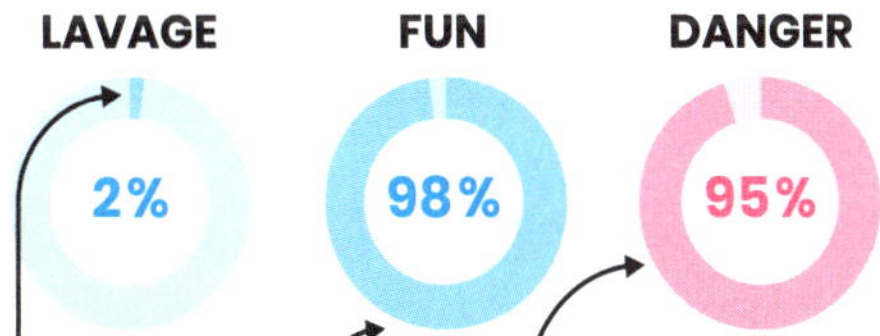

Vraiment pas.

EXTRÊME.

Grand danger, mais uniquement pour les parents.

Vocalises quotidiennes chantées depuis le berceau tout en essayant de manger son poing.

Probabilité de faire pipi ou caca pendant un change, en pourcentage

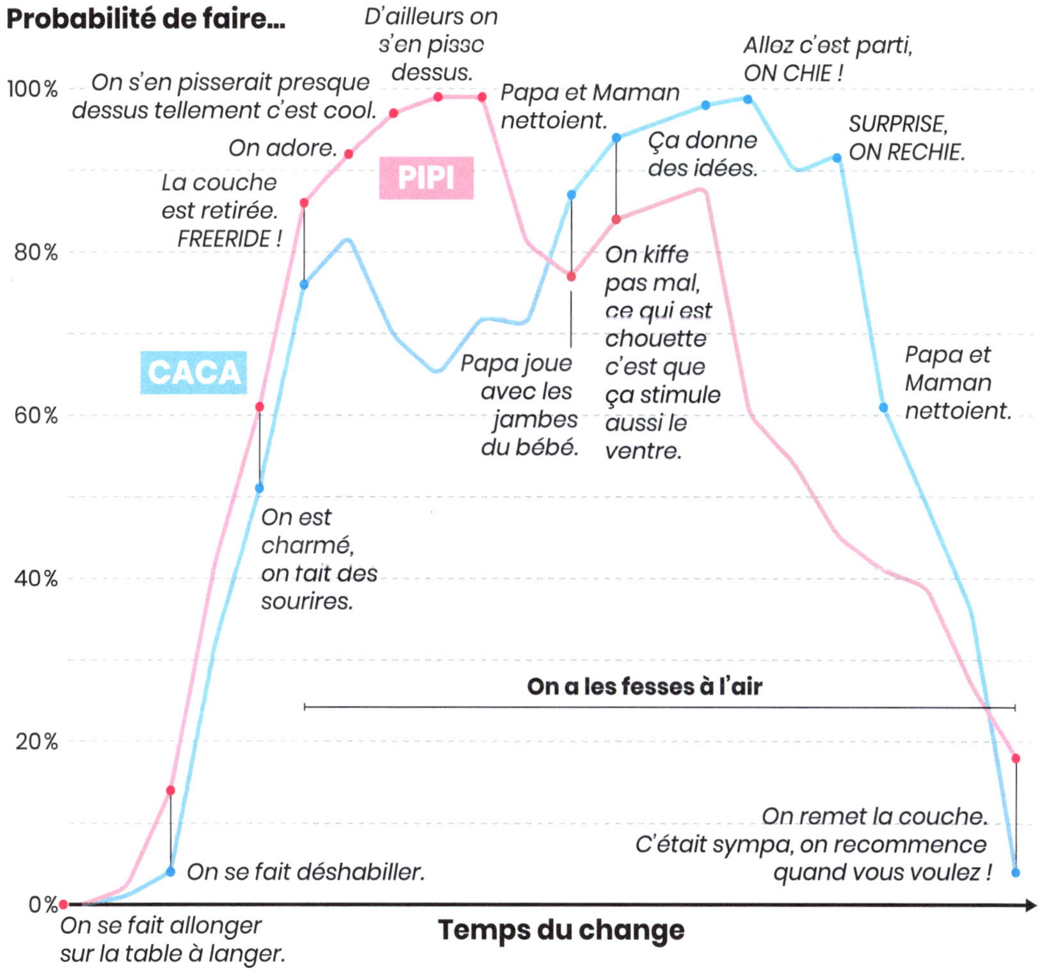

Projection du budget couches sur un an
en fonction du type de couches* utilisé

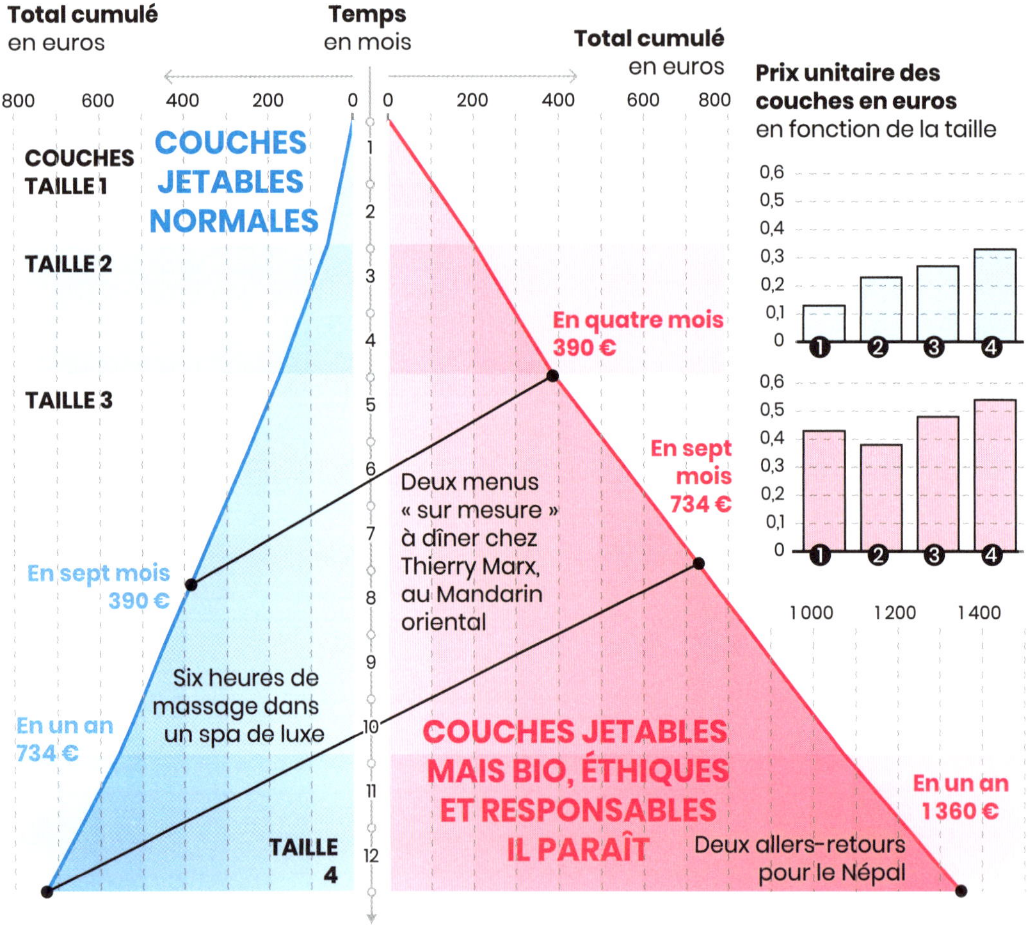

** Évolution des tailles de couches estimée.*
Prix constatés dans un supermarché en ligne sur des packs de 35 à 54 couches.

Part consacrée au caca dans la vie parentale,
en pourcentage

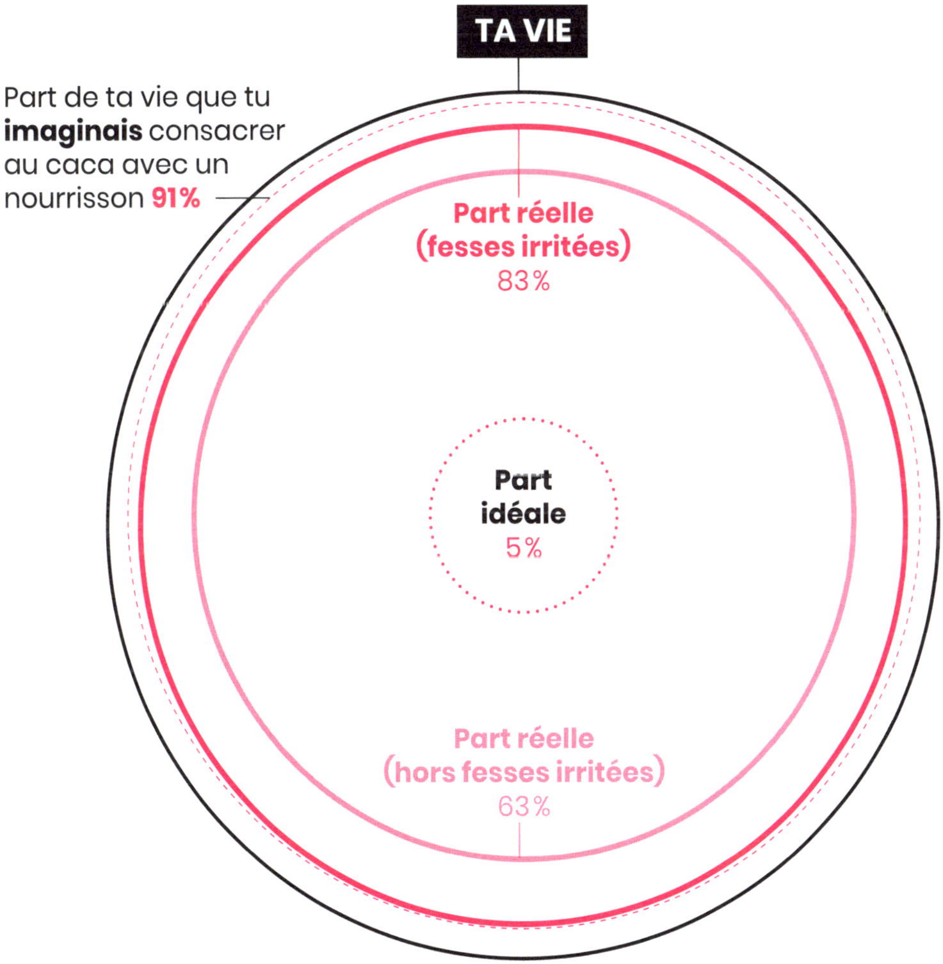

1

C'est le nombre de fois où on a chié sur Maman.

Les différents états de l'eau du point de vue du bébé et leur Indice de Kiff Potentiel (IKP)

Indice de Kiff Potentiel

1. Franchement pas fou. Peu de kiff en vue.
2. On n'est pas dans le non-kiff, mais on kiffe pas non plus.
3. Ouais, sympa. Mais il doit bien exister plus kiffant sur Terre.
4. Eh ben voilà les gars !
5. EST-CE QUE VOUS ÊTES CHAUDS ?

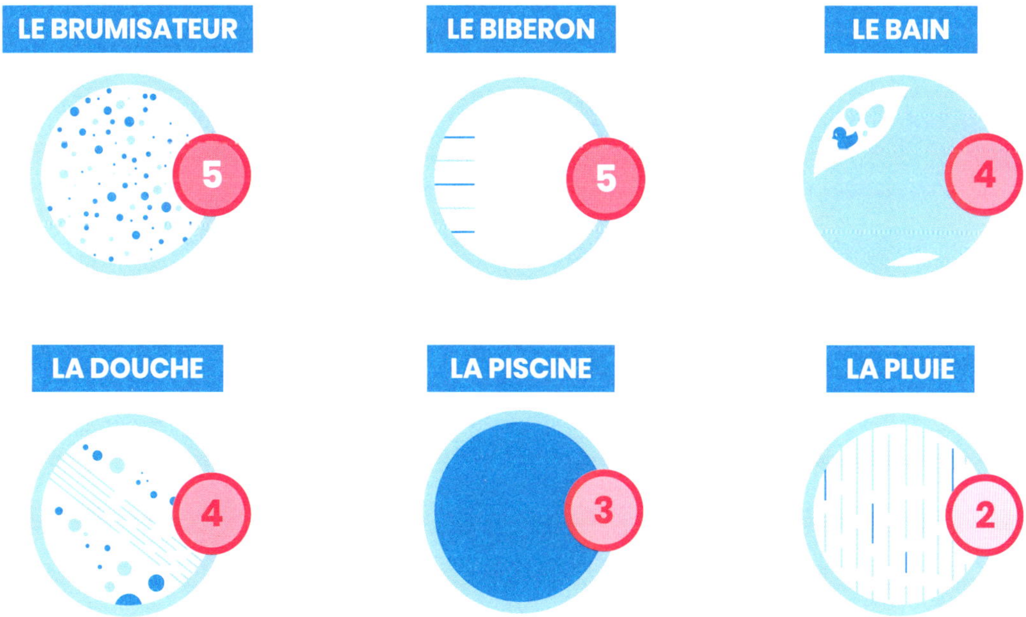

Fréquence des surnoms utilisés
en fonction des horaires

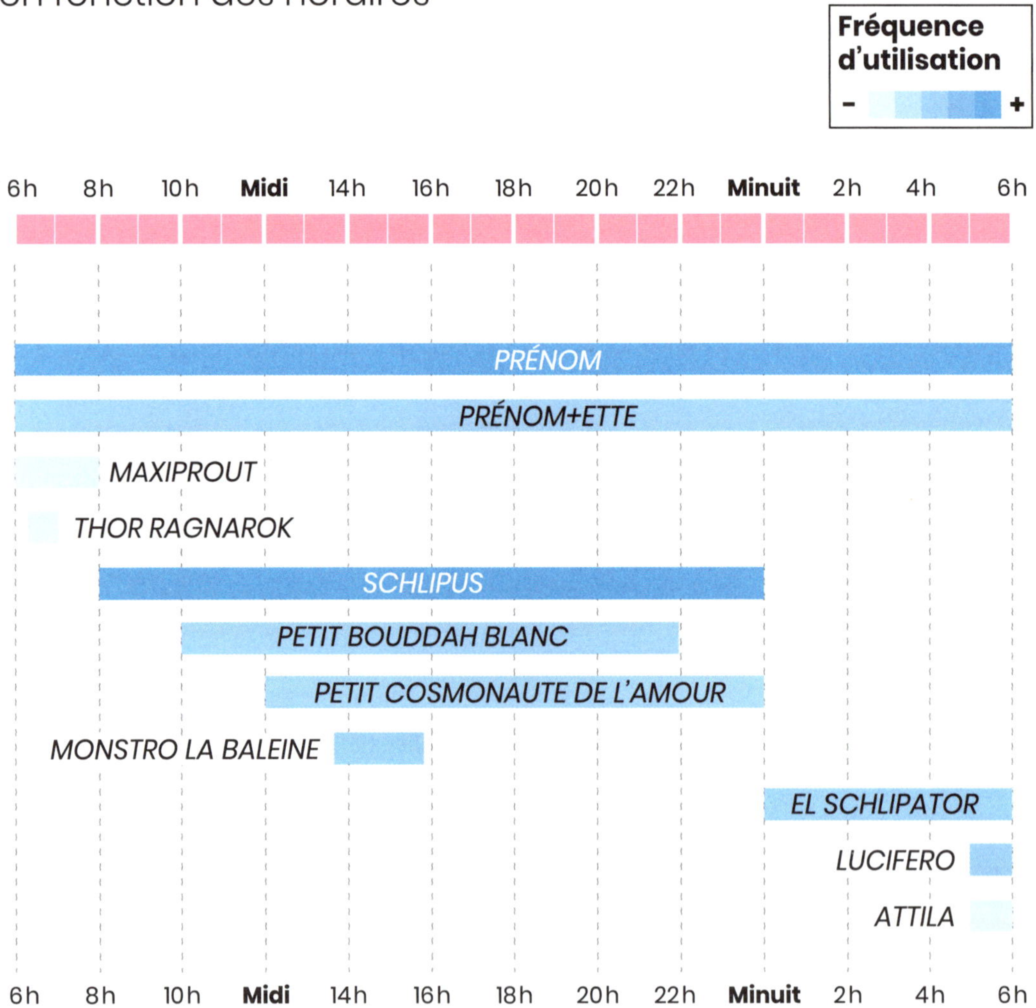

Répartition par type de berceuses chantées au bébé pour essayer de le calmer

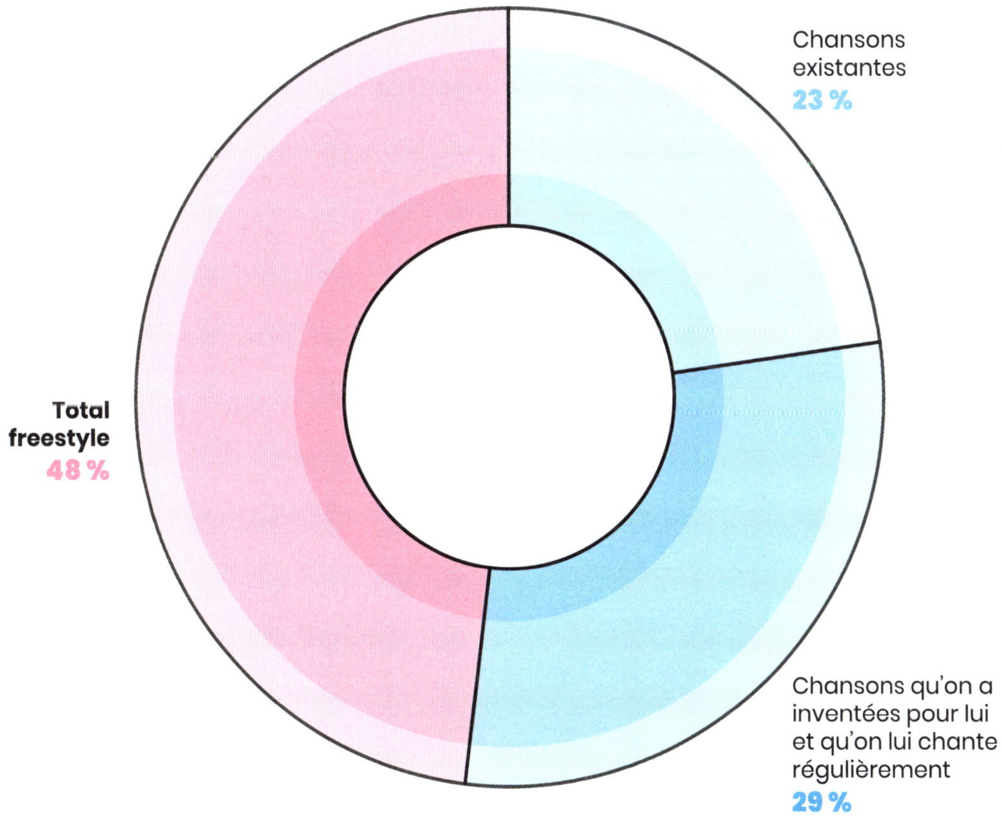

Hnn'

Son répétitif, produit en situation de douleur ou de stress. On avale beaucoup d'air en l'émettant, il peut donc aggraver l'état initial.

Répartition des causes de chute de la tétine en pourcentage

Mais bon sang, on la veut ou pas cette tétine ?

○ Oui ○ Non

Rien de spécial, tu peux juste rendre la tétine, stp ?
37%

On veut pas de tétine - mais c'était sympa de proposer, on t'en veut pas.
20%

On s'endort.
20%

On est énervé - tu peux garder ta tétine.
15%

On est énervé alors on crie et du coup la tétine est tombée MAIS en fait on la veut quand même.
8%

Évolution des questionnements parentaux
depuis l'arrivée du bébé, en pourcentage

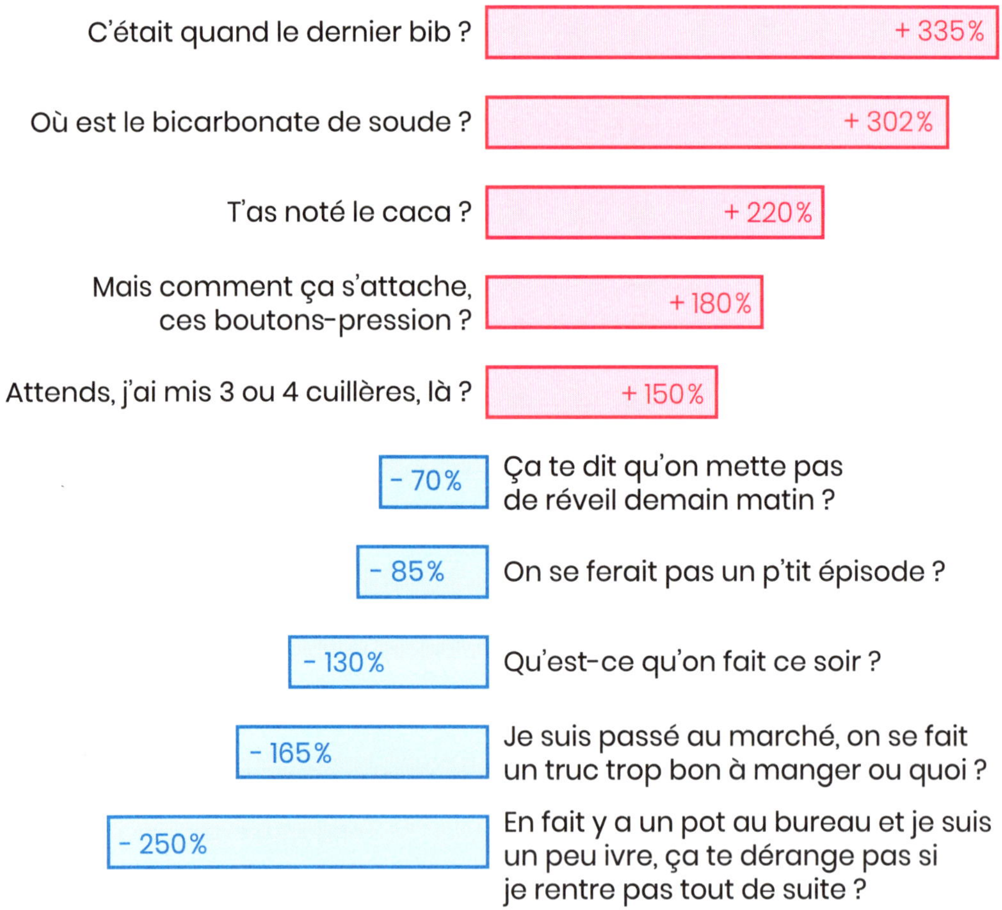

Cartographie générale du relief du visage
du nourrisson au 5e mois

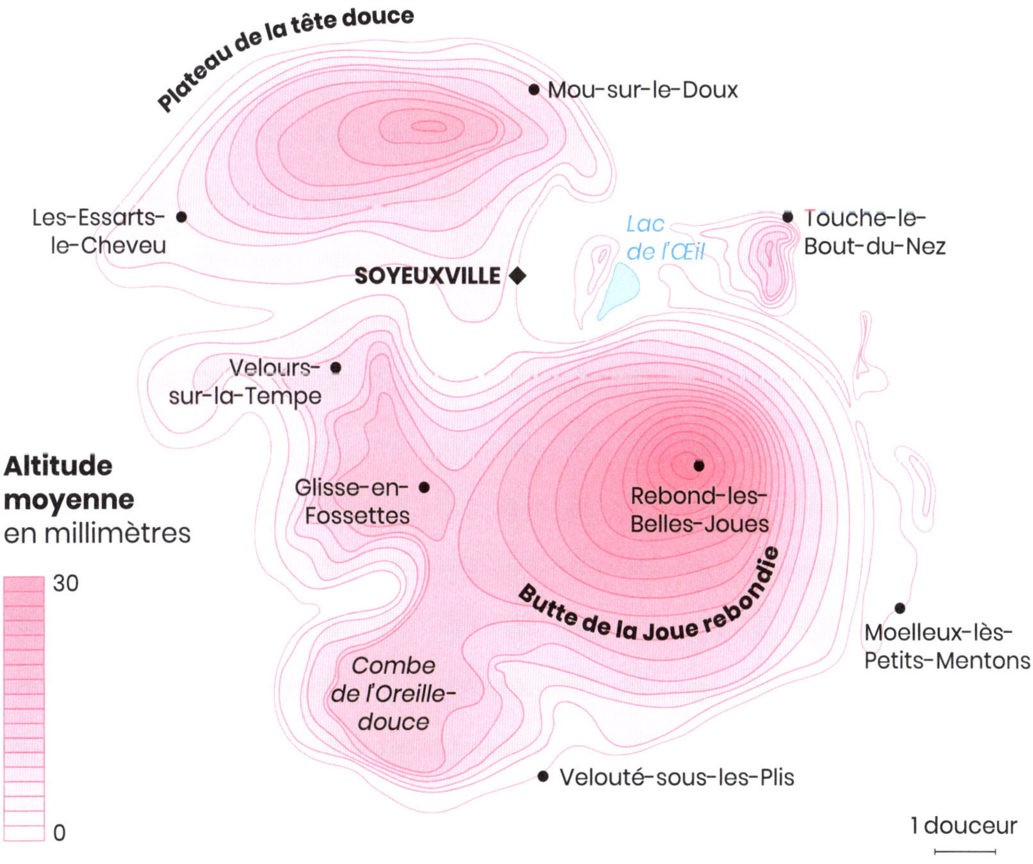

7

C'est le nombre de fois où Maman et Papa ont marché ou trébuché sur un jouet dans le noir.

Synthèse des réactions parentales face au premier rhume et au nez bouché du bébé

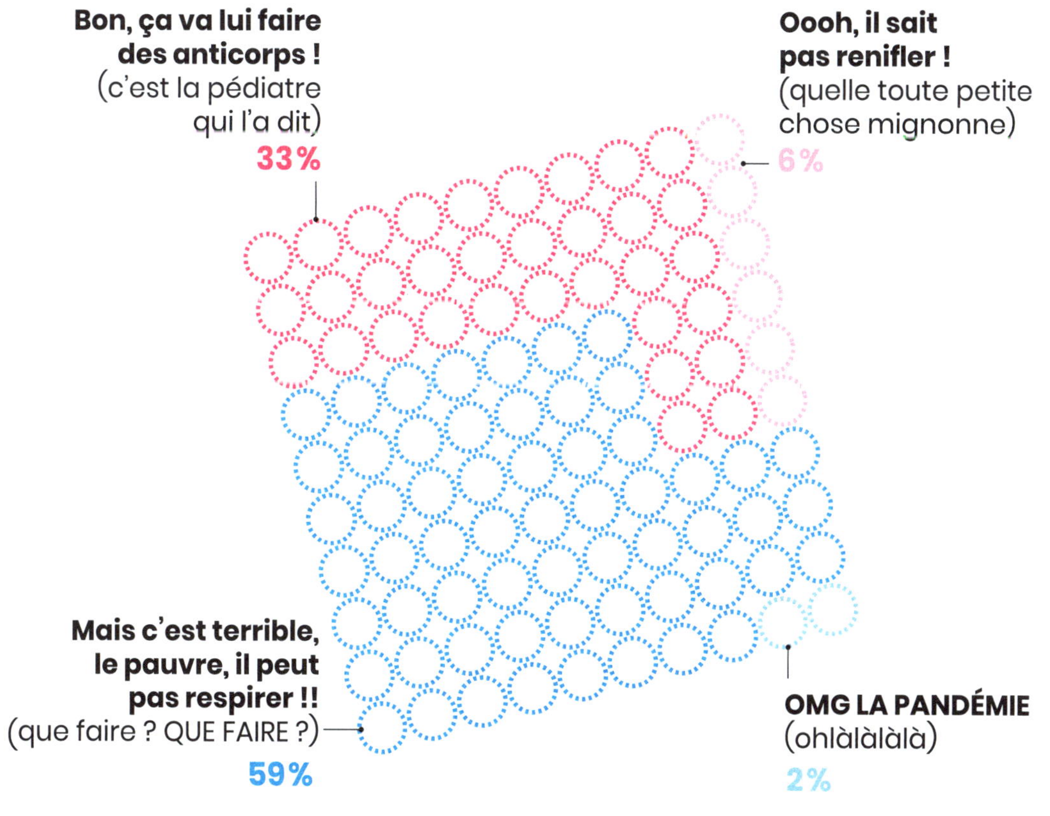

Chapitre 5

Novembre - Décembre

Cartographie imaginaire
des 9e et 10e mois
Sainte-Expression
Côtes de l'Avis
Île de l'Opinion
Port-Content
Rigole-en-Éclats
Les-Préférences
Gazouillis-Plage
Bravoville
ÎLE DU NEUVIÈME MOIS
Île du Coucou
Roule-sur-la-Côte
Rapide-la-Rampette
Chenal du Dixième Mois
Baie de la Rampette
La-Grande-Cambrette
Port-Mécontent
Pivote-sur-Mer
Hurlements-sur-Mer
Anse de la Sociabilité
Expression-les-Bains
Port-Mouvement
Port-Câlins
Cris-sur-Mer
ÎLE DU DIXIÈME MOIS
Les-Dents-Nouvelles
Petits-Pots-les-Gloutons
Désert des Petits Morceaux
Kiffe-les-Belles-Rencontres
Cheveux-sur-les-Yeux
Optimisme-en-Comestibilité
Port-la-Nouveauté
?
1 dodo

Composition moyenne d'un appel à un membre de la famille en pourcentage

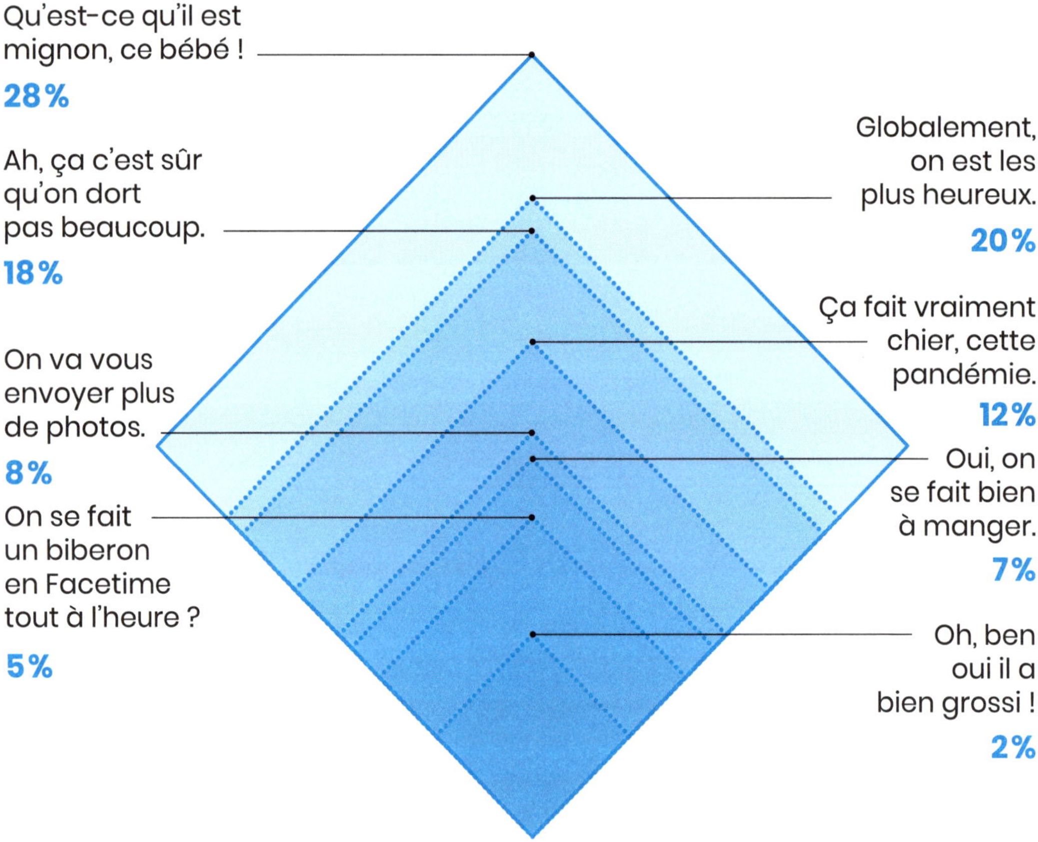

Ce que le bébé pense quand il se réveille
et qu'il se rend compte qu'il est tout seul,
en pourcentage

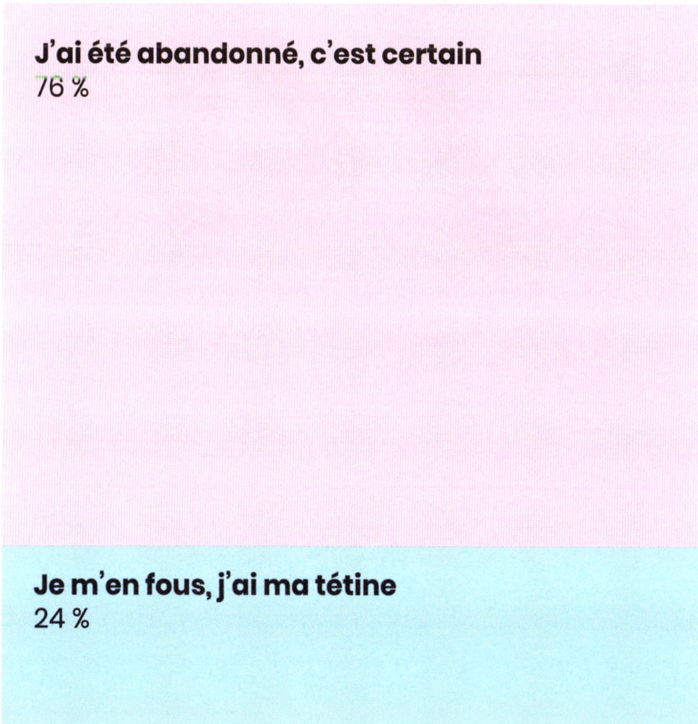

74

C'est la distance maximale (en centimètres) parcourue par le pipi avant de toucher le sol.

Comestibilité des objets de convoitise
au 9e mois

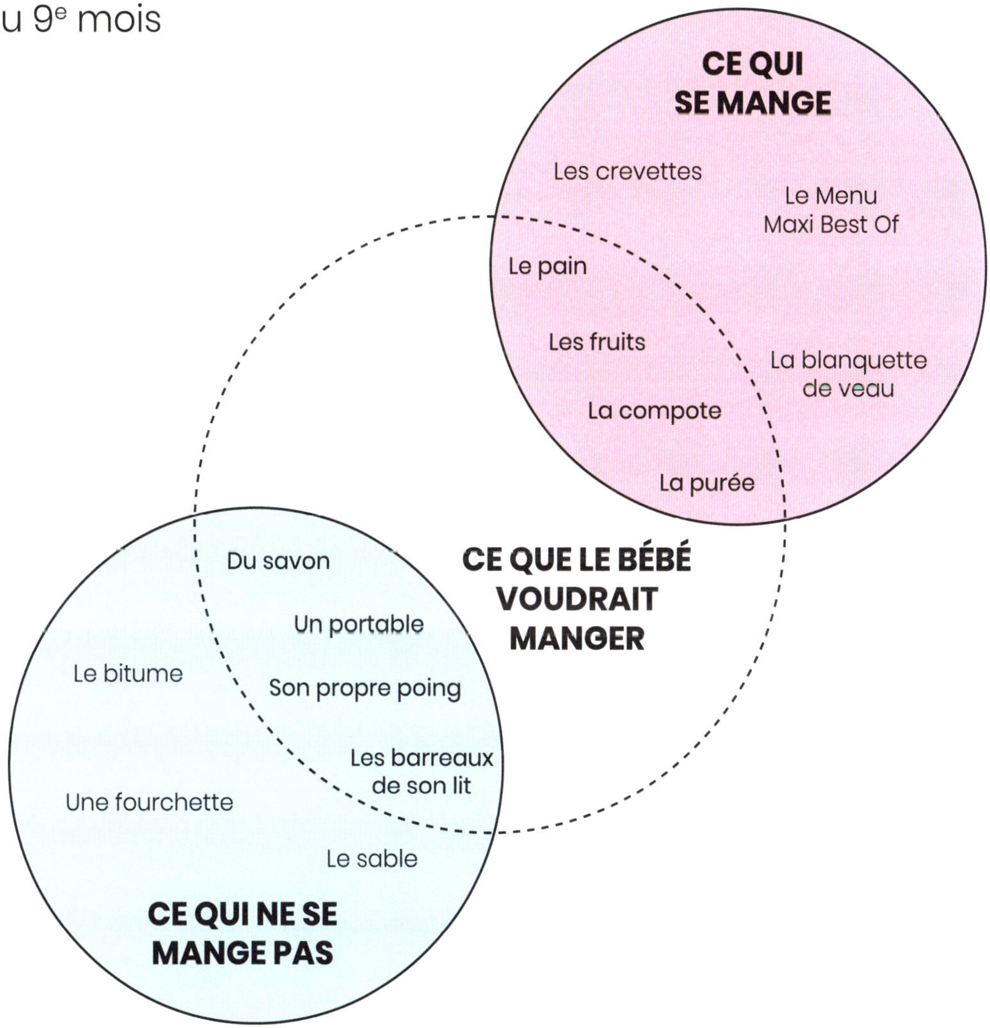

Schéma des actions successives dans la gestion d'un épisode de cris

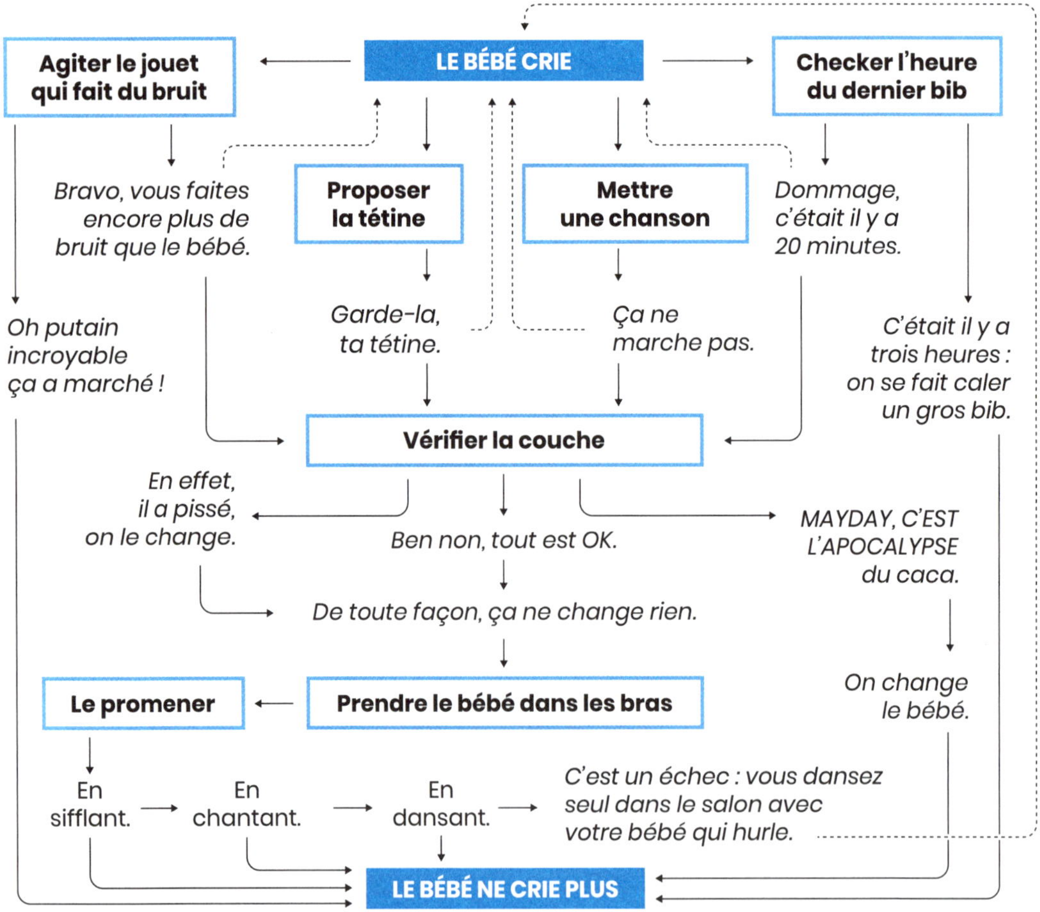

Part de vêtements portés par le bébé
parmi les achats parentaux et les cadeaux

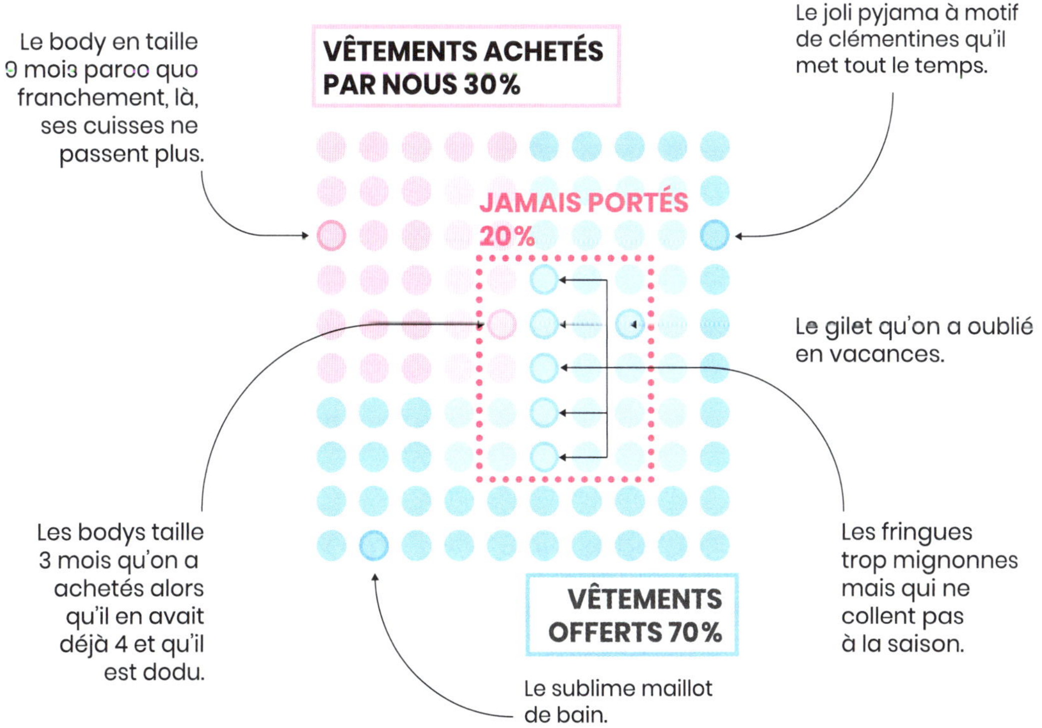

(*a*)***DA*** *!*

Tentative de communication répétée à l'envi et chantée à tue-tête avec une emphase triomphale.

Choses auxquelles on s'attendait ou pas
par ordre de galère

** On croyait l'avoir vu venir mais on n'avait pas idée.*

Répartition des bonnes raisons de se lever
à 3 heures du matin

- Pour aller aux toilettes
- Pour boire un verre d'eau
- Pour regarder un nouvel épisode d'une série
- Parce que le bébé fait des bruits chelous
- Parce que le bébé crie

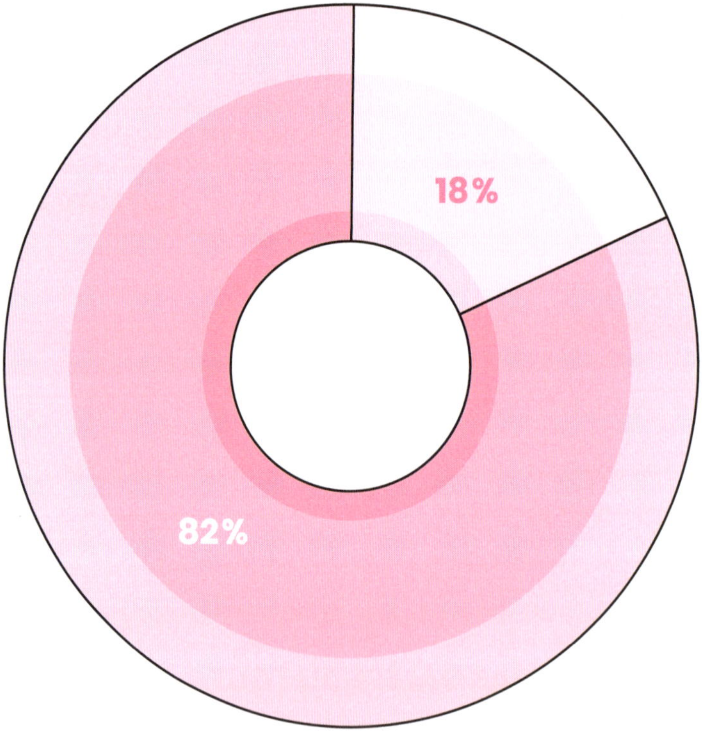

Réseau routier de l'appartement
du point de vue du bébé

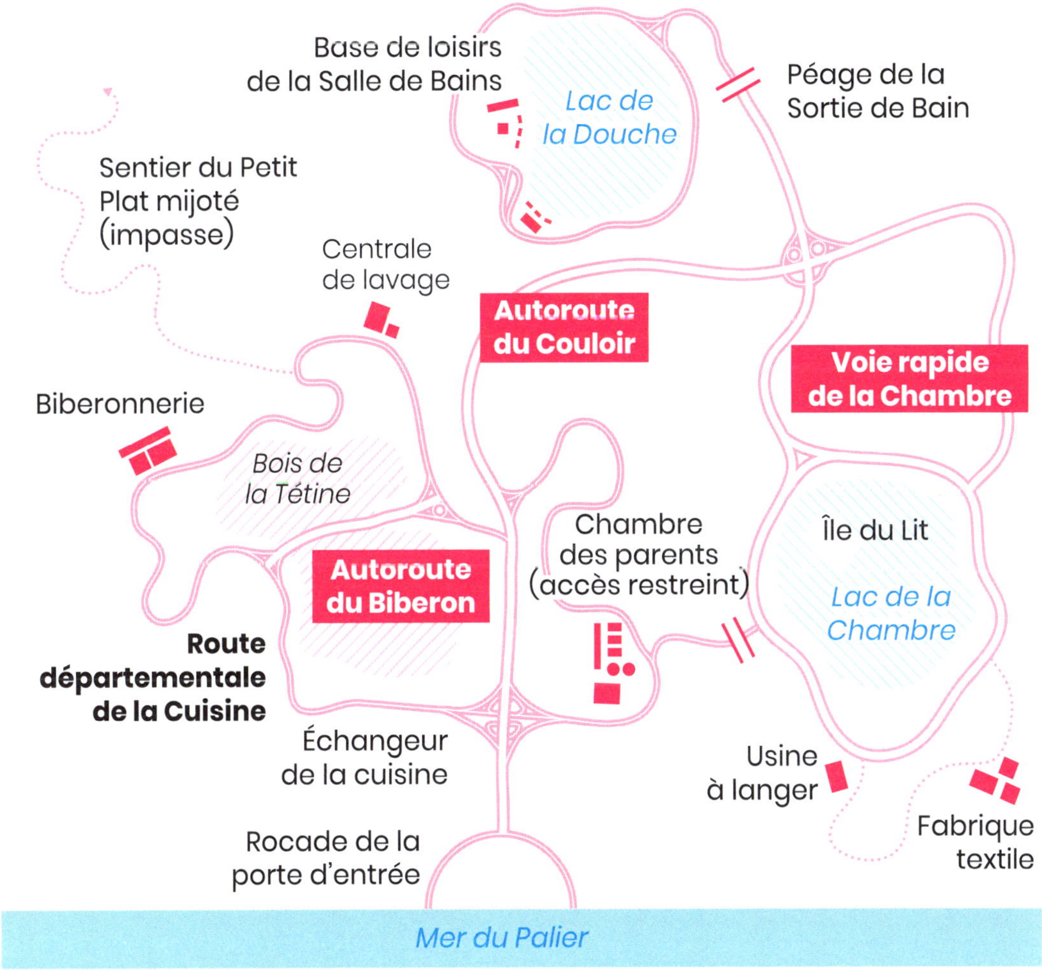

2

C'est le nombre total de dents de lait ayant percé la gencive à ce jour.

Différents scénarios comportementaux du bébé pendant la cuisine et le repas des parents

L'INESPÉRÉ

Papa et Maman arrivent à se faire à manger et à manger ensuite.
Rare. Puissant.

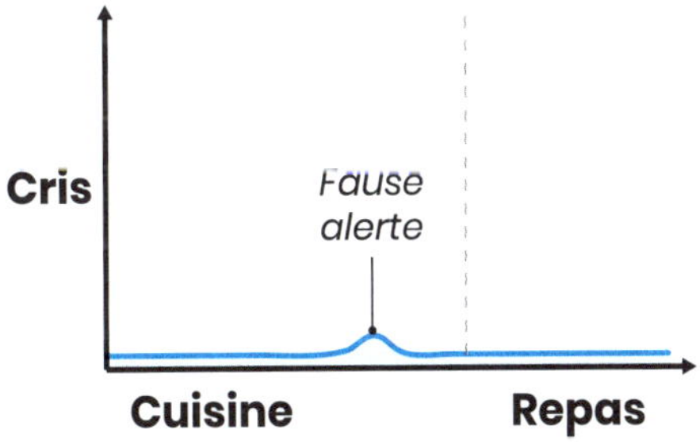

LA GRANDE GLISSADE

Préparation à une main au milieu des cris, repas au calme.
Fatigant. Émouvant.

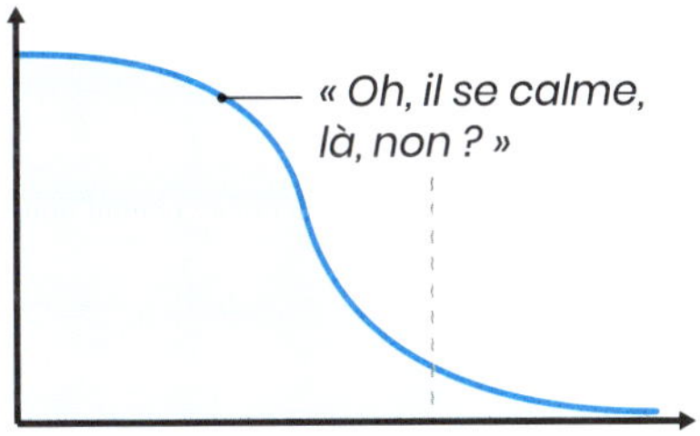

LA MONTÉE EN PUISSANCE

L'espoir naît, puis s'effondre,
et tu finis par manger à une main.
Éprouvant. Fréquent.

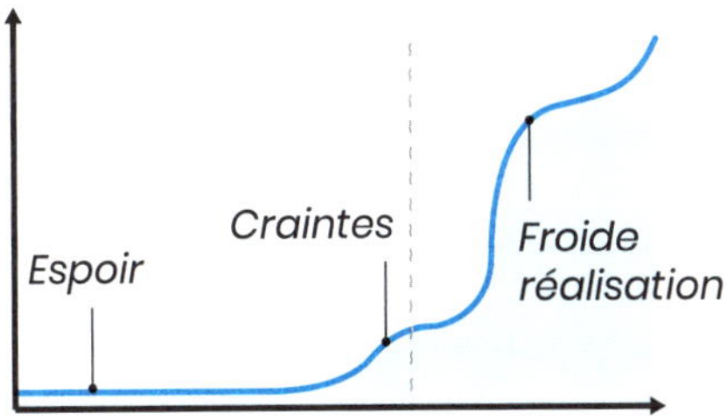

LE RÉGIME FACILE

« Bon, on s'ouvre un paquet de chips ou on mange un yaourt ? »
Rapide. Dangereux.

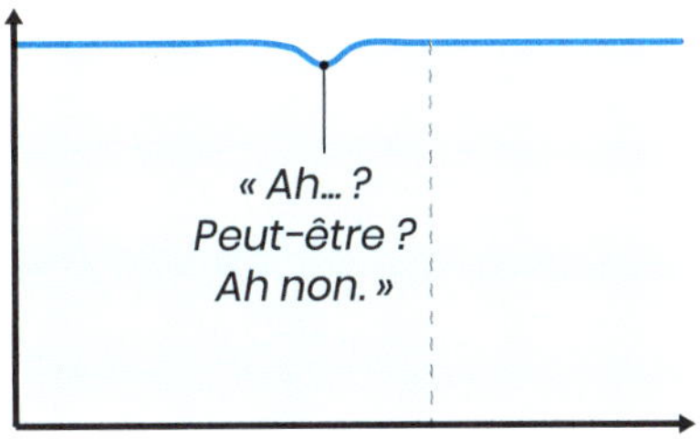

Différents schémas d'excitation possibles pendant un biberon en fonction de l'état du bébé

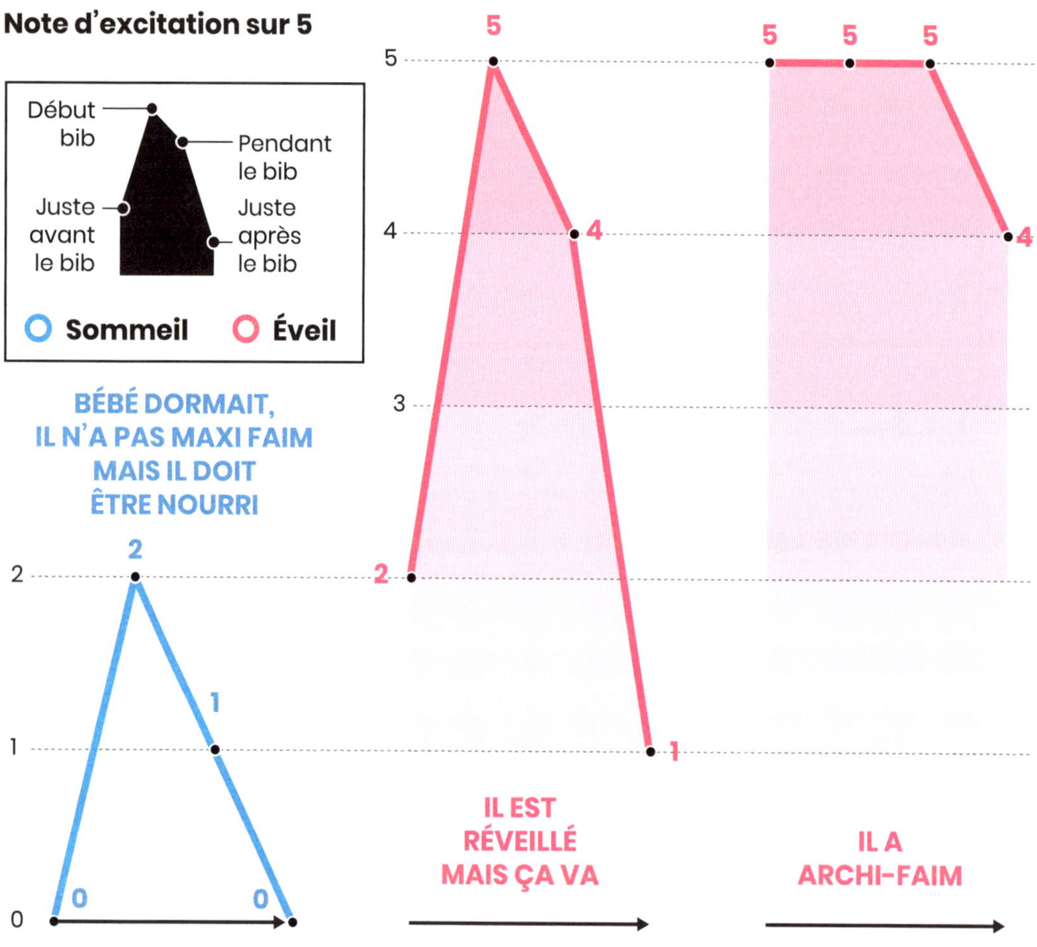

Choses qui font se sentir comme **un gros daron** ou une grosse daronne*

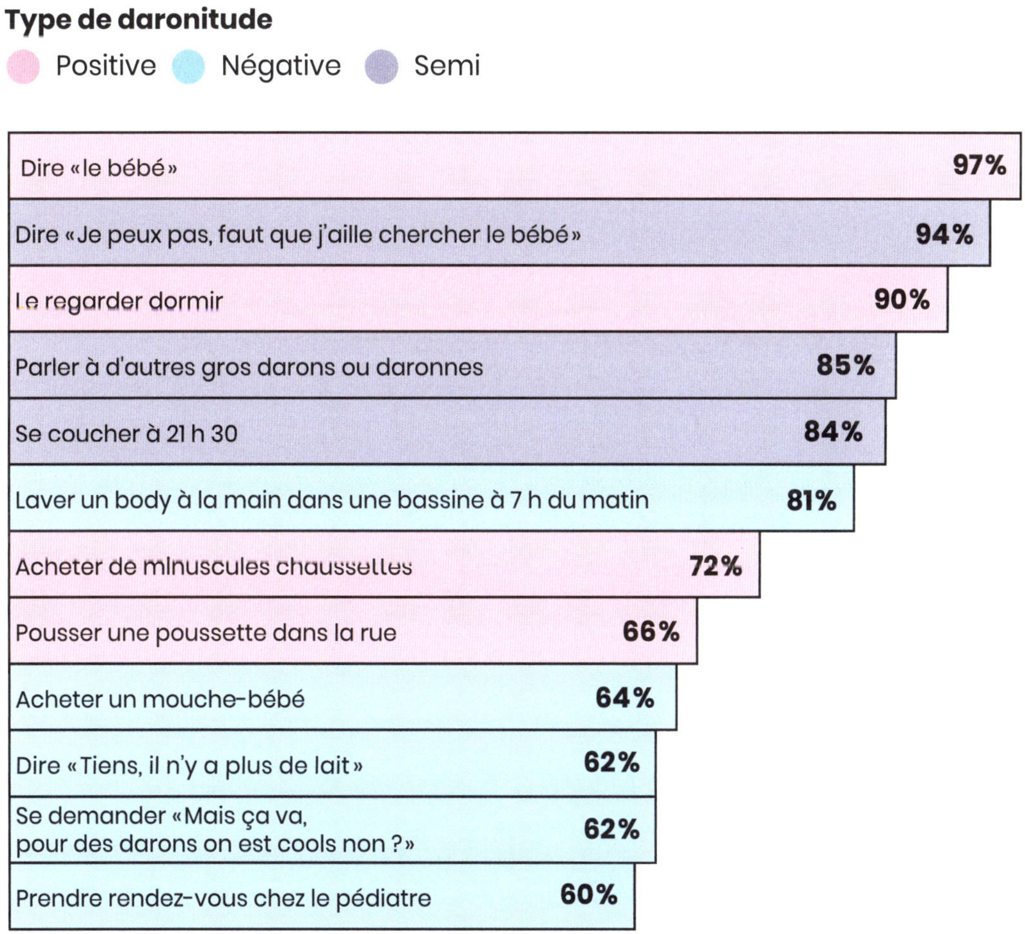

** Liste non exhaustive.*

Ffffffffffffffffff

Nouveau son chuintant (amusement ++).
S’émet avec application et en le tenant le plus longtemps possible.

Avantages comparés des systèmes de chausse possibles pour le bébé en période hivernale

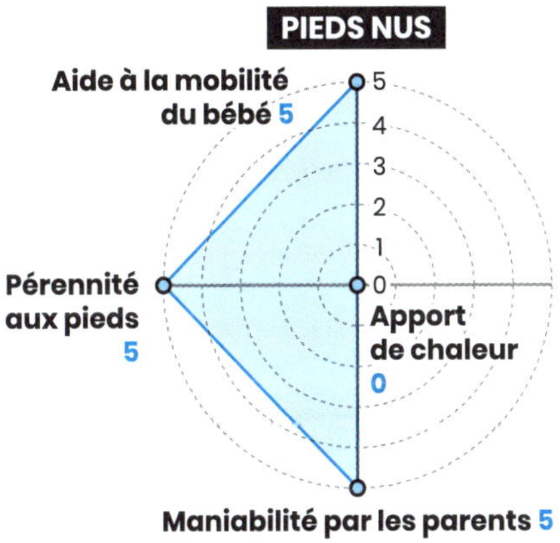

La solution idéale quand il fait assez chaud : on est à l'aise pour crapahuter et ça ne nécessite aucun effort à l'habillage.

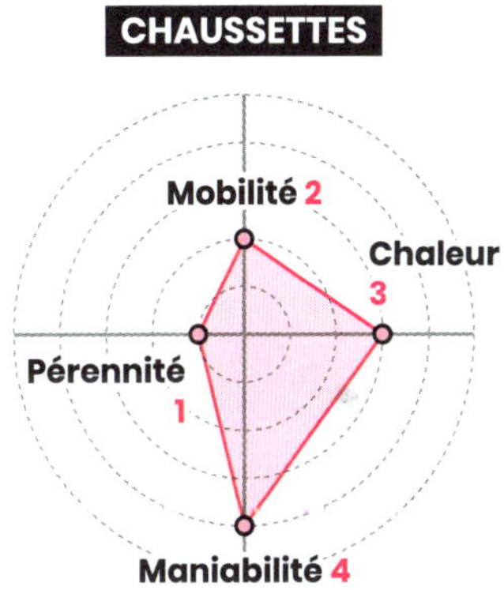

Faciles à mettre et à enlever pour les parents, mais surtout faciles à enlever pour le bébé. Attention, ça glisse : moins de mobilité.

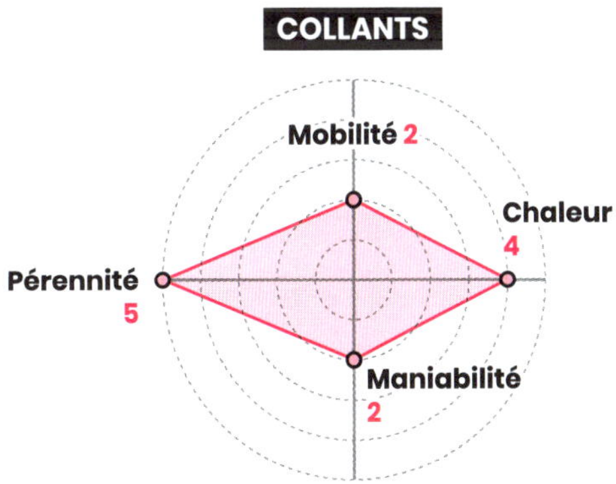

Tiennent bien chaud, et restent aux pieds, mais pas faciles à mettre ou à enlever. La sécurité au détriment de la flexibilité.

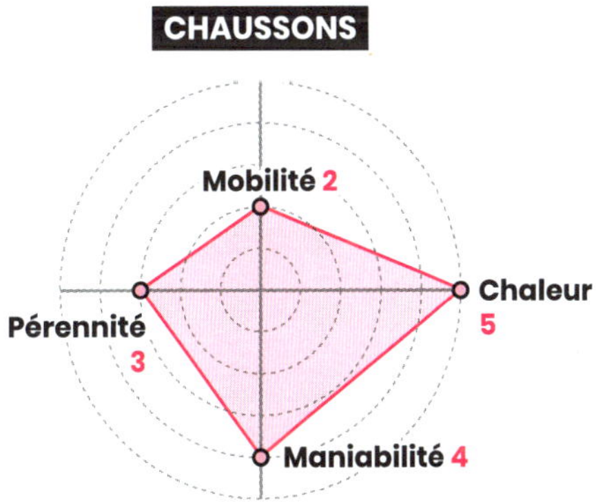

Tiennent mieux aux pieds que des chaussettes, et sont faciles à mettre et à enlever.

Taux de démonstration des capacités du bébé
à la maison versus chez l'assistante maternelle

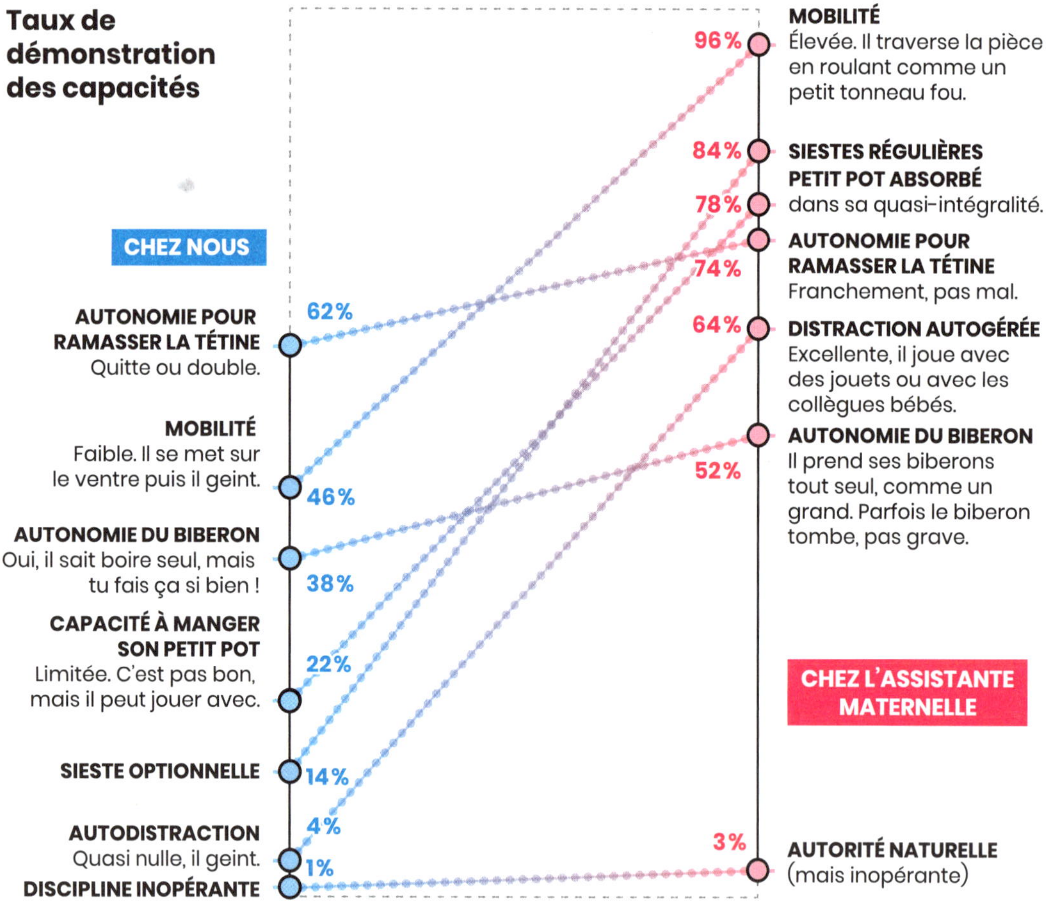

Taux de kiff d'une sortie au supermarché
à deux avant le bébé versus après

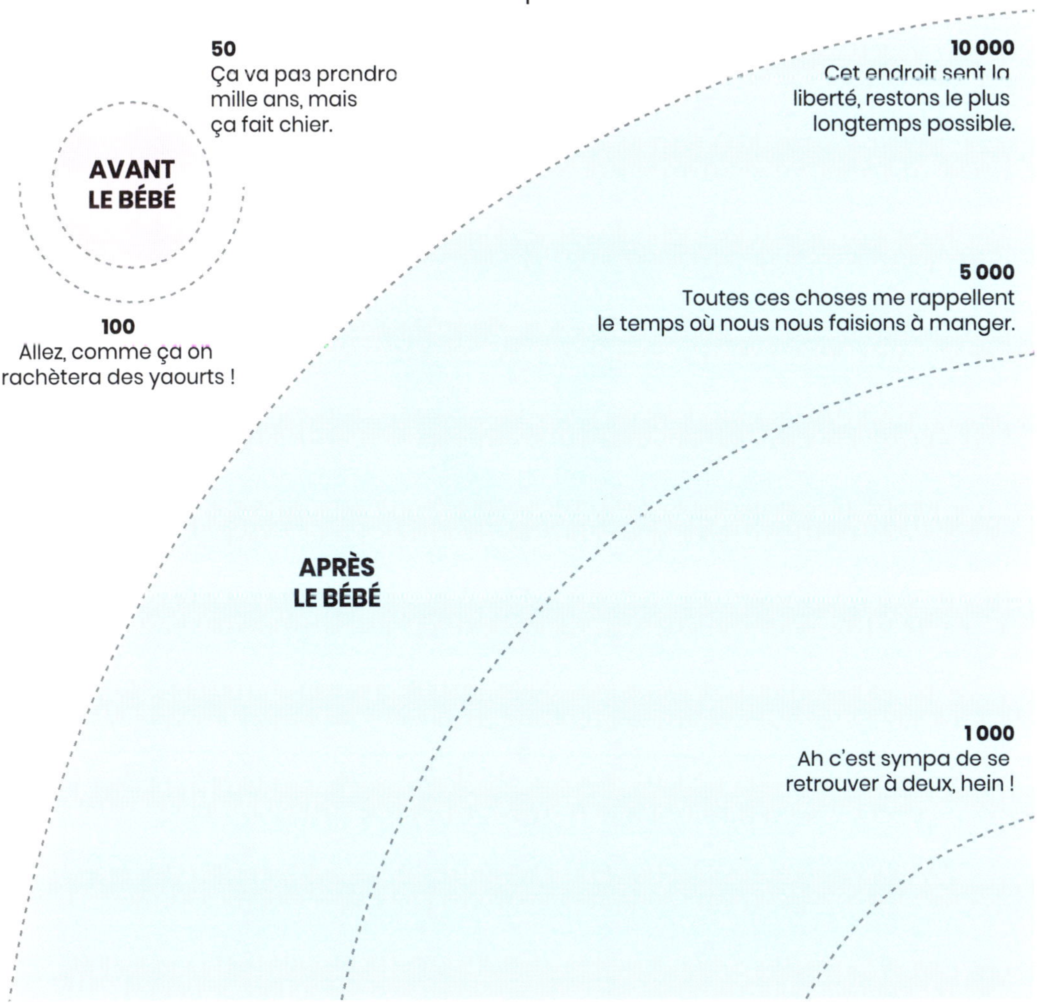

17

C'est le nombre de fois où on a recraché sa cuillerée en spray pendant le dernier petit pot du midi (sur Papa : 7, par terre : 10).

Gestion des émissions sonores parentales
sur une journée type et bruits émis par le bébé

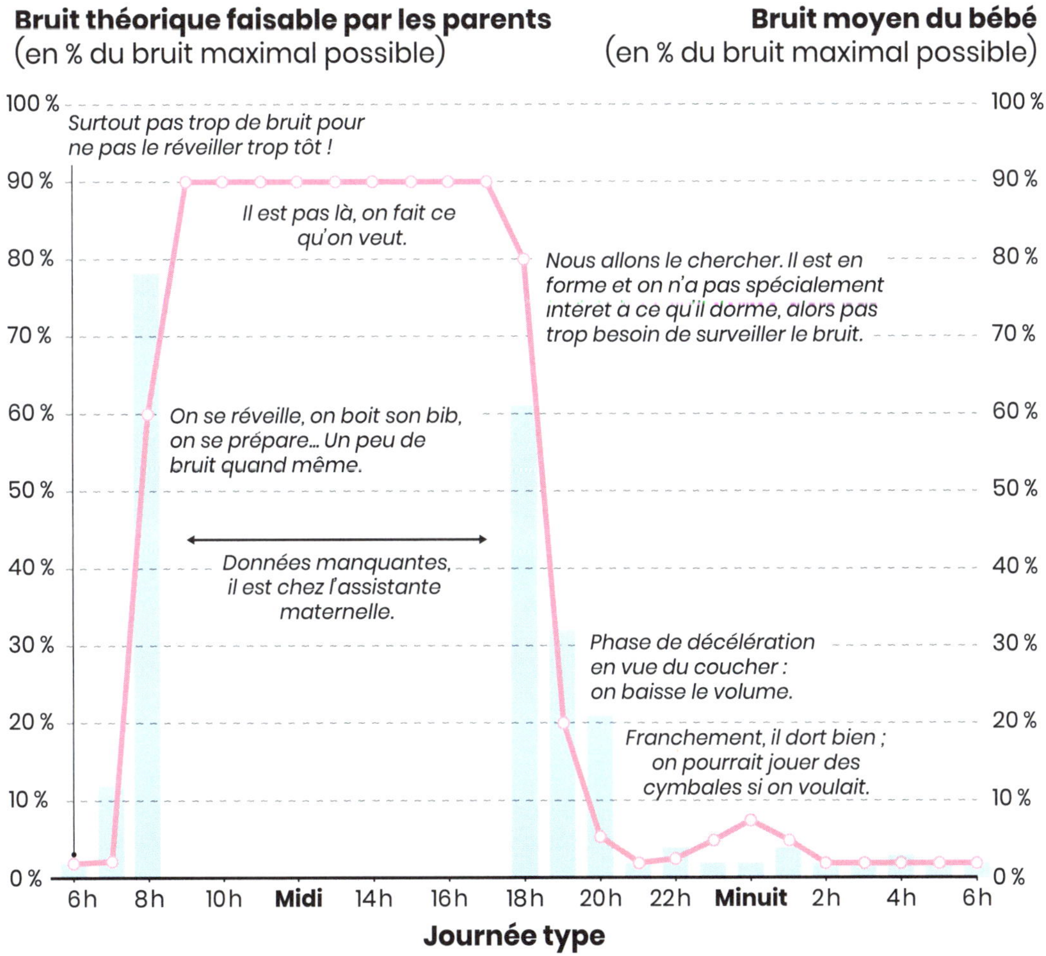

Taux d'émerveillement procuré par les différentes choses rencontrées le matin du premier Noël

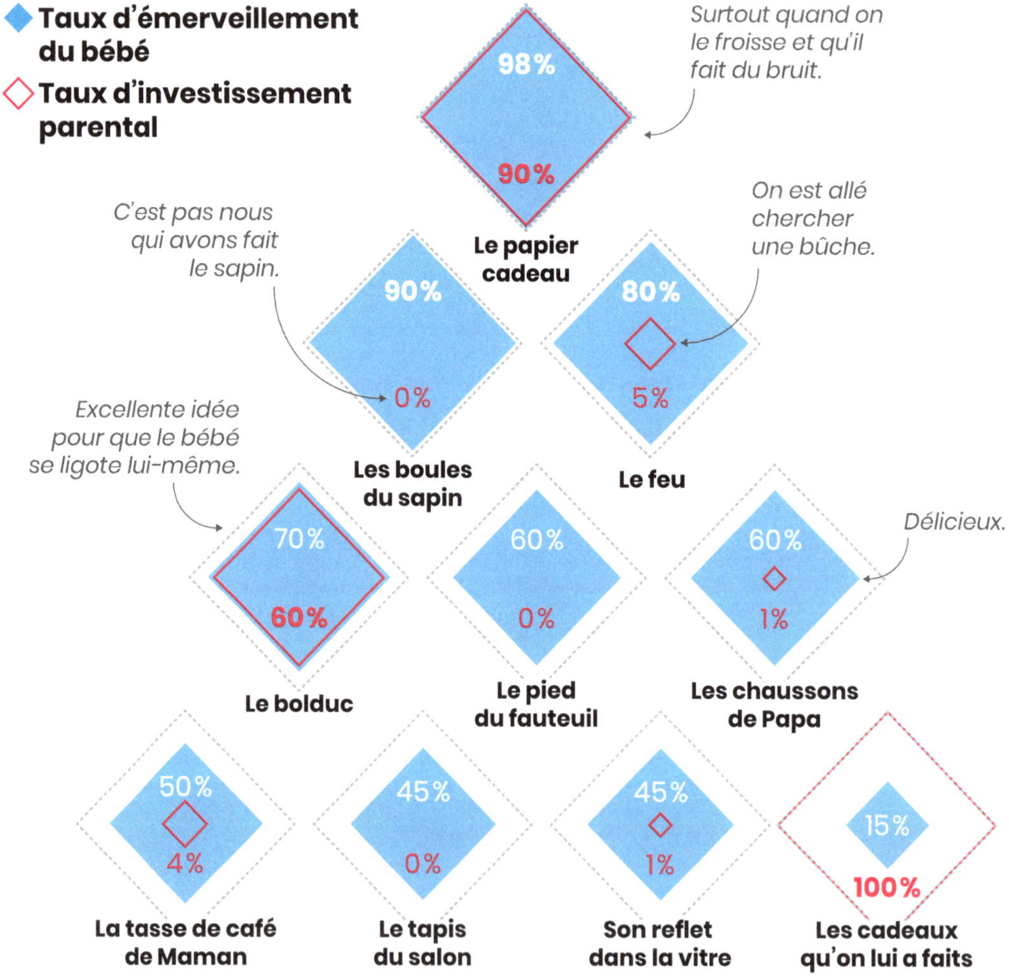

Les bonnes résolutions du bébé
pour 2021

Taux de hâte du bébé	Taux de hâte des parents	Résolution	Taux d'avancement
0 %	50 %	1 Arrêter la tétine	2 %
75 %	60 %	2 Se mettre au sport *(la marche par exemple)*	15 %
90 %	80 %	3 Réussir à s'asseoir seul	40 %
30 %	65 %	4 Manger des morceaux	25 %
0 %	100 %	5 Ne plus avoir peur des sacs-poubelle	1 %
100 %	0 %	6 Parvenir ENFIN à renverser une tasse de café *(très jouable)*	55 %
2 %	80 %	7 S'attacher les cheveux *(et les garder attachés plus de 17 secondes)*	10 %
1 %	55 %	8 Persévérer dans le travail engagé sur les dents	15 %
80 %	100 %	9 Continuer à faire coucou et bravo *(et apprendre encore d'autres signes ??)*	80 %
95 %	100 %	10 Apprendre à dire des mots	5 %

Chapitre 6

Janvier - Février

Cartographie imaginaire
des 11e et 12e mois

Taille de couche appropriée en fonction du poids du bébé, nombre de mois à titre indicatif

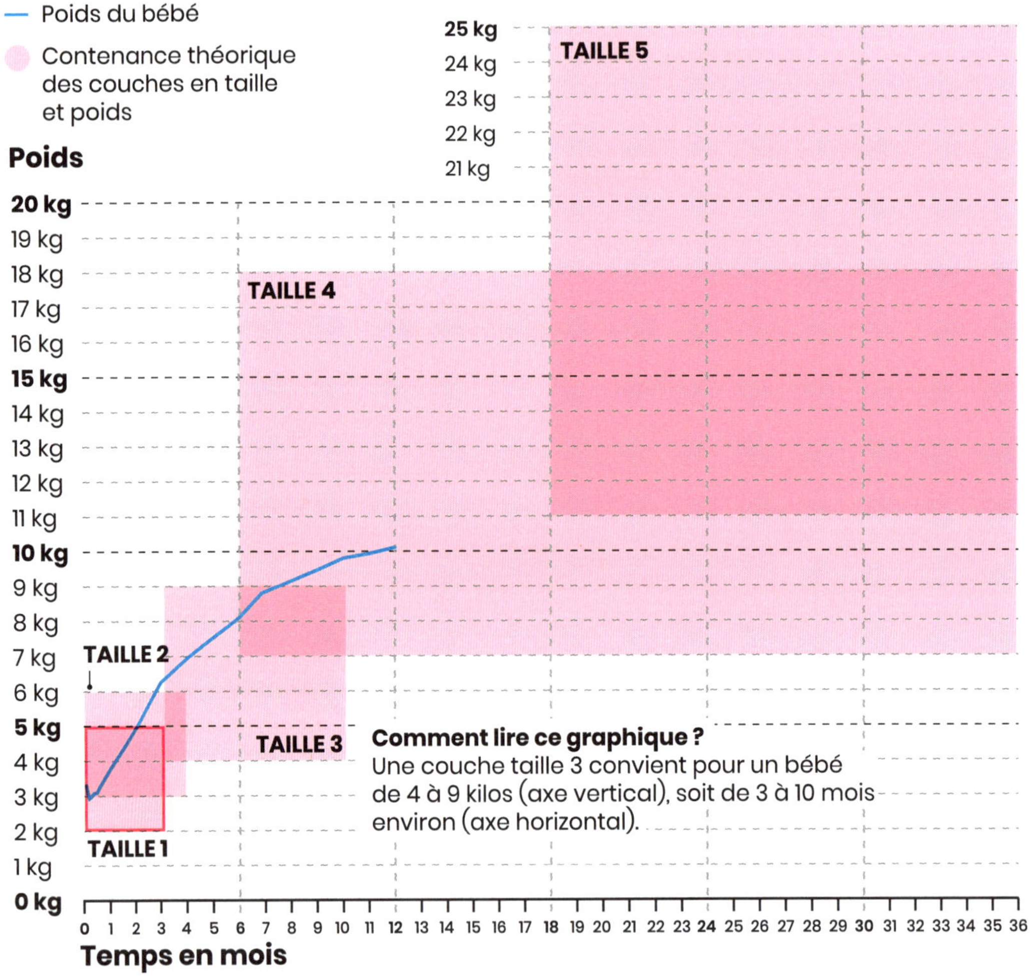

Comment lire ce graphique ?
Une couche taille 3 convient pour un bébé de 4 à 9 kilos (axe vertical), soit de 3 à 10 mois environ (axe horizontal).

Jouets préférés et leurs qualités respectives

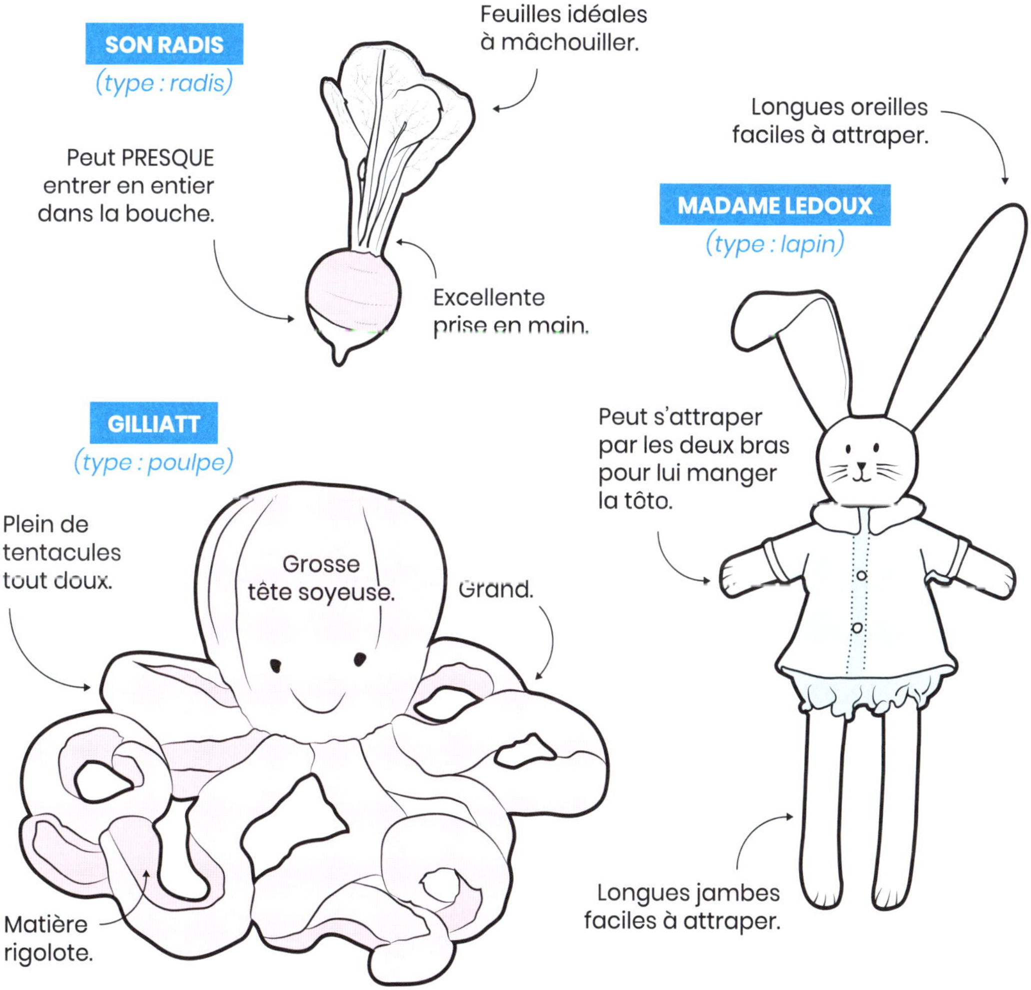

VaaaVaaVaVa

Chant de triomphe, désir d'attention, expérimentation, l'interprétation est confuse, mais le sens toujours positif.

La météo du bébé et ses probabilités en fonction de l'heure de la journée

Probabilité

Élevée Réelle Faible

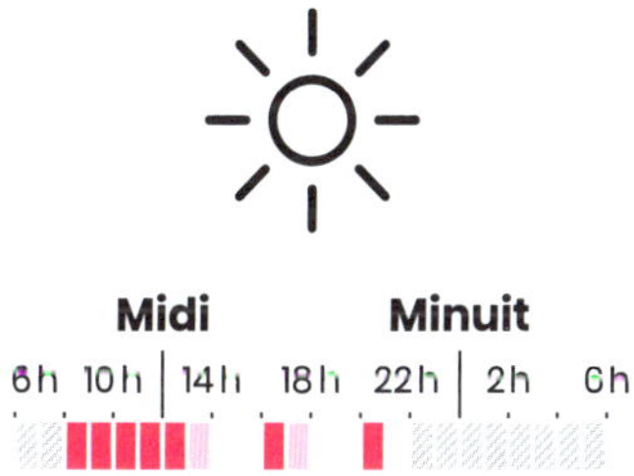

La bonne humeur complète est fréquente, mais c'est le matin et après les repas qu'on l'observe le plus régulièrement.

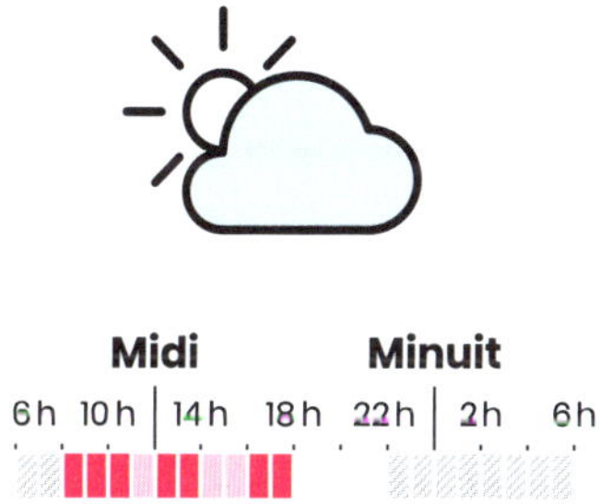

Si elle est en théorie possible toute la journée, l'humeur globalement positive est beaucoup moins fréquente à partir de 18 h.

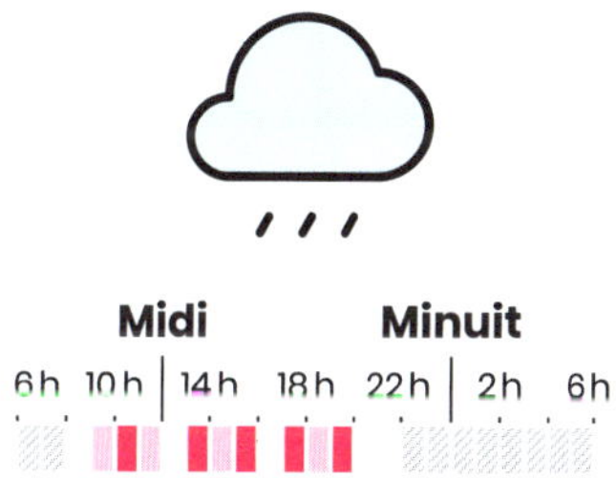

Le bébé déteste être posé pour dormir. D'ailleurs, il déteste être posé en général. Et quand ça arrive, il pleure. Vers la sieste, mais pas que.

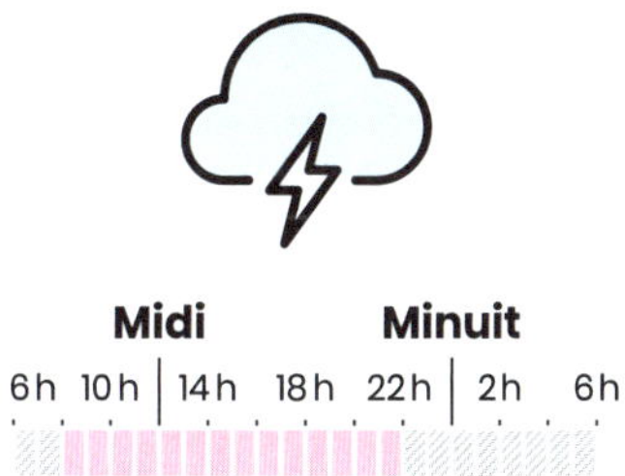

Franchement, impossible de prédire : la crise peut tomber n'importe quand, n'importe où, et pour n'importe quelle raison.

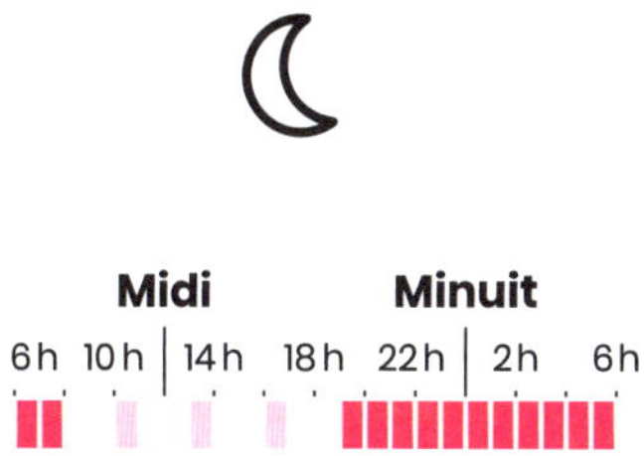

Parfois quelques petits réveils en début de nuit, mais sinon le bébé dort comme un ange. Généralement trois siestes par jour.

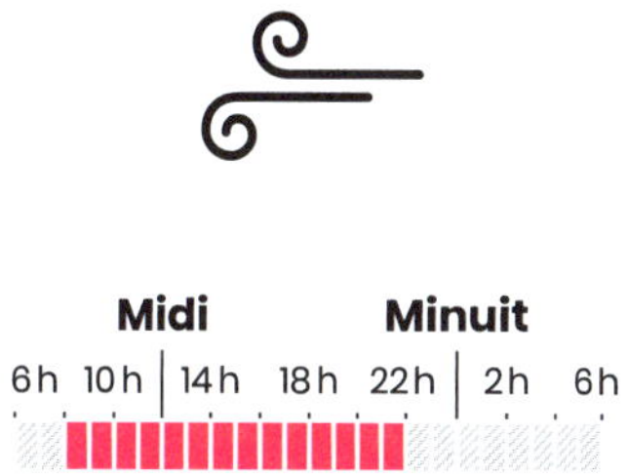

Le bébé gazouille comme un rossignol toute la journée, du matin au soir. Probabilité élevée tout le temps, y compris quand il mange.

Obstacles et défis fréquents pour la poussette
en milieu urbain

LE TROTTOIR

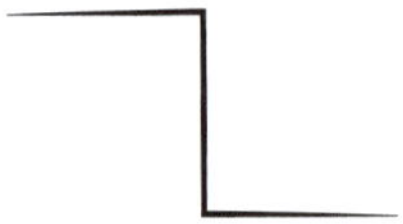

Difficulté
pour le parent

★☆☆☆☆

Dérangement
pour le bébé

LES ESCALIERS

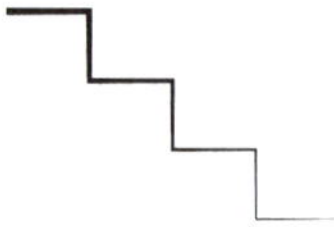

Difficulté
pour le parent

★★★★★

Dérangement
pour le bébé

LA CÔTE

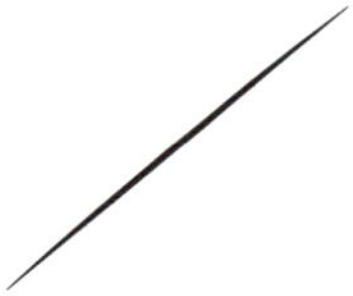

Difficulté
pour le parent

★★★☆☆

Dérangement
pour le bébé

LE NID-DE-POULE

Difficulté
pour le parent

★★☆☆☆

Dérangement
pour le bébé

LES PAVÉS

Difficulté
pour le parent

★★☆☆☆

Dérangement
pour le bébé

L'HERBE

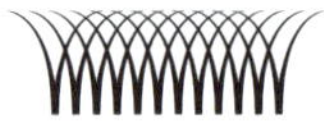

Difficulté
pour le parent

★★★★☆

Dérangement
pour le bébé

Tentatives réussies ou non d'attraper des choses
en fonction de leur danger sur un jour J, au 11ᵉ mois

Tentatives ● Tentatives réussies

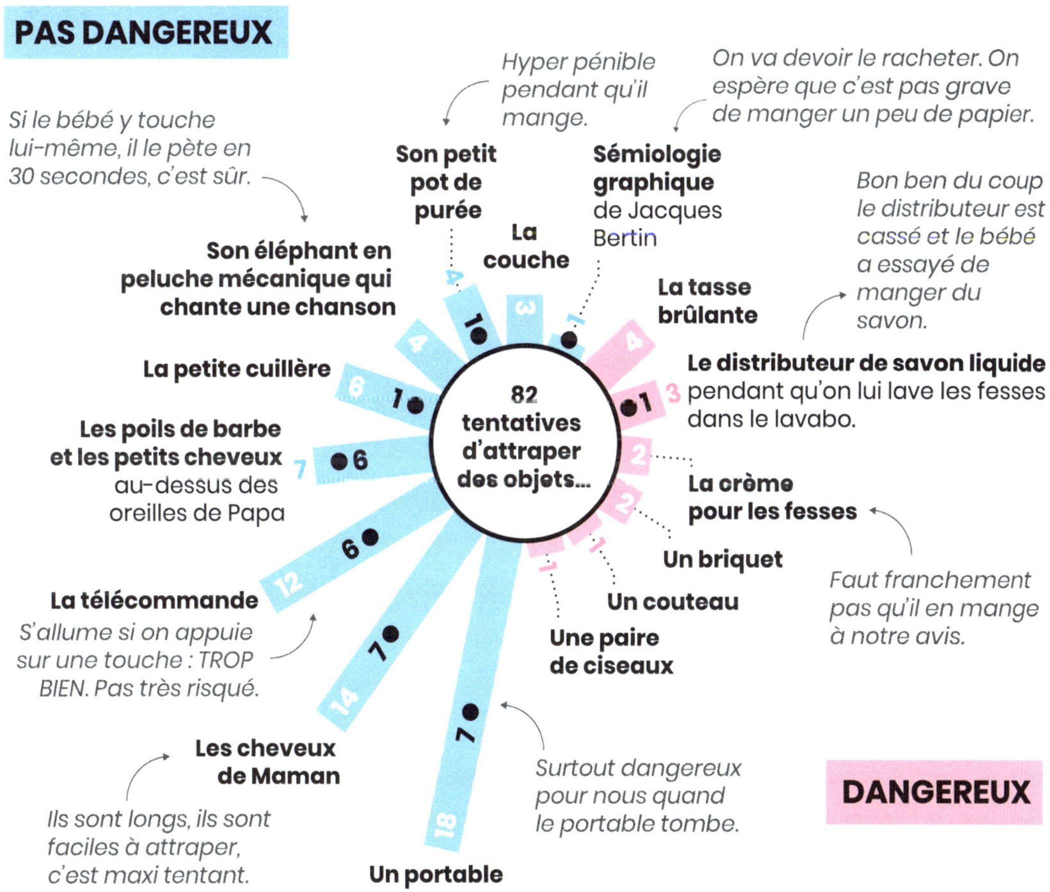

1

C'est le nombre de fois où on s'est assis tout seul à ce jour.

Taux d'attractivité des zones de l'appartement
du point de vue du bébé

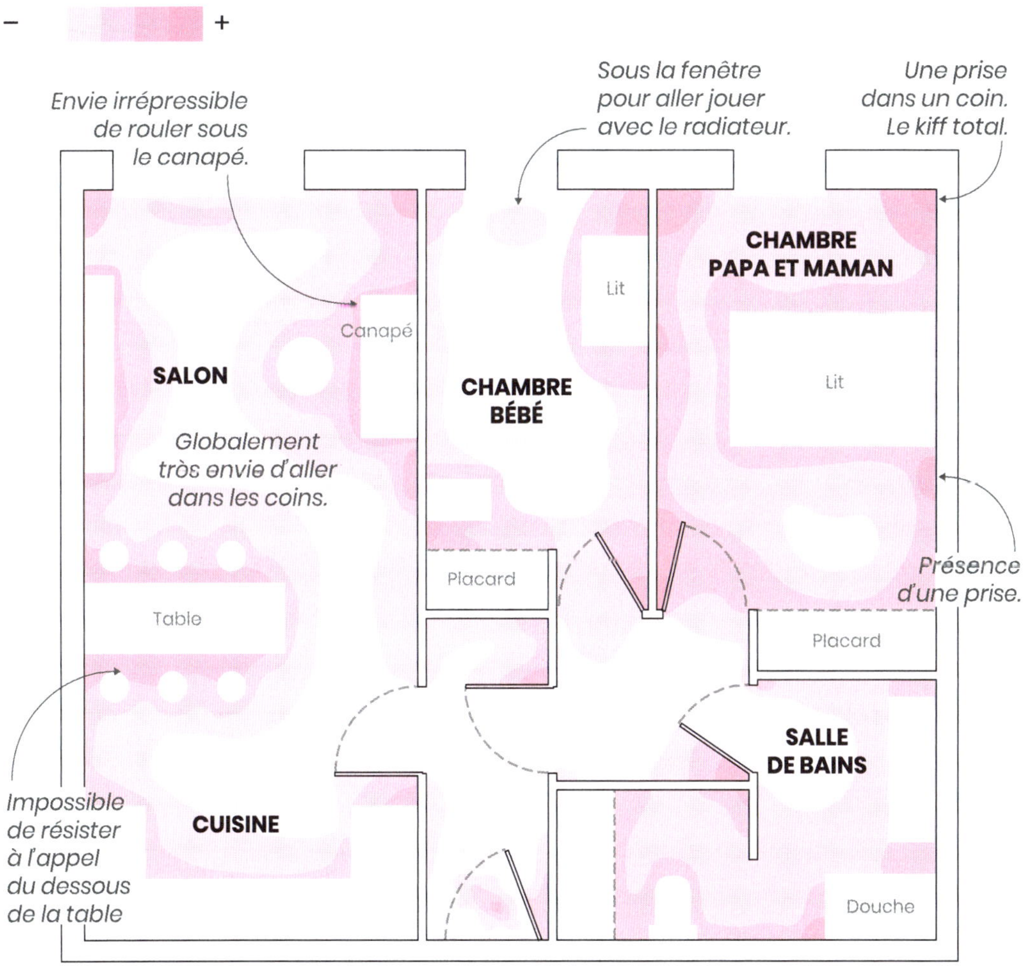

Répartition de 50 commentaires sur la ressemblance physique du bébé par rapport aux parents

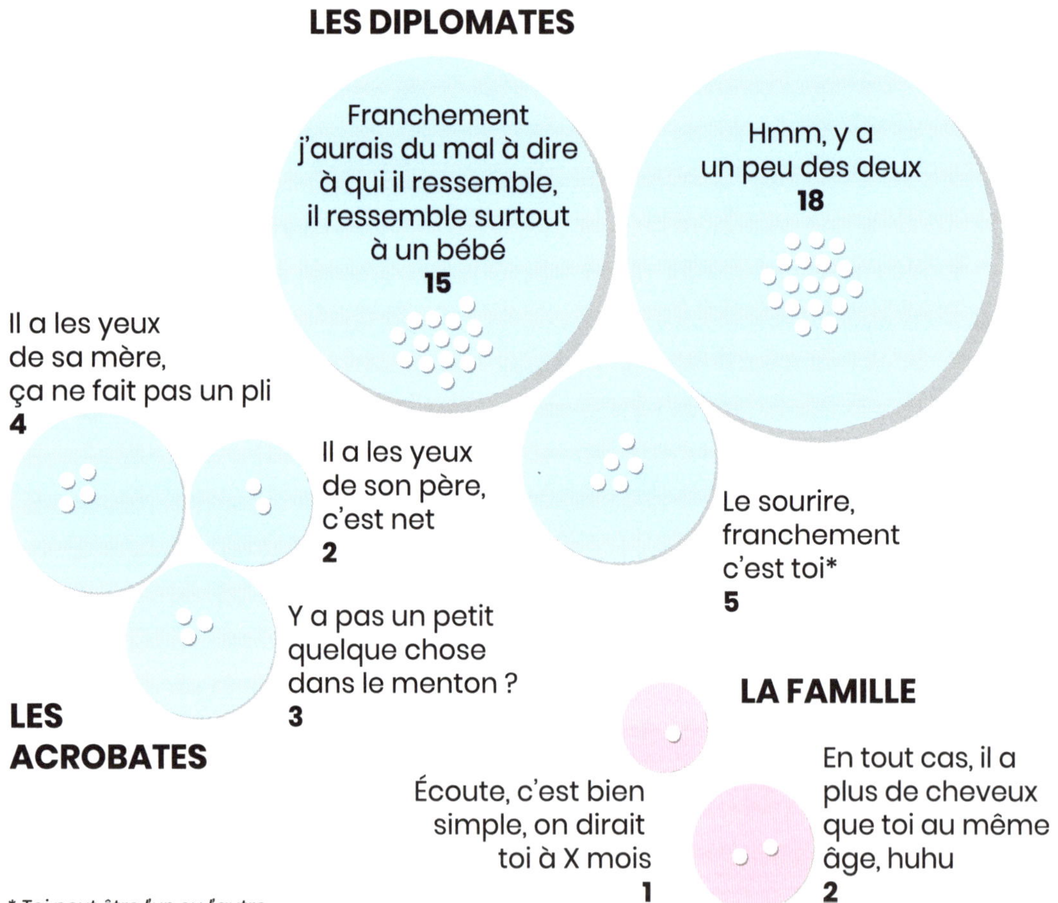

* *Toi peut être l'un ou l'autre.*

Liste non exhaustive des petites joies de darons
en fonction de l'intensité et du type de la joie, au 11e mois

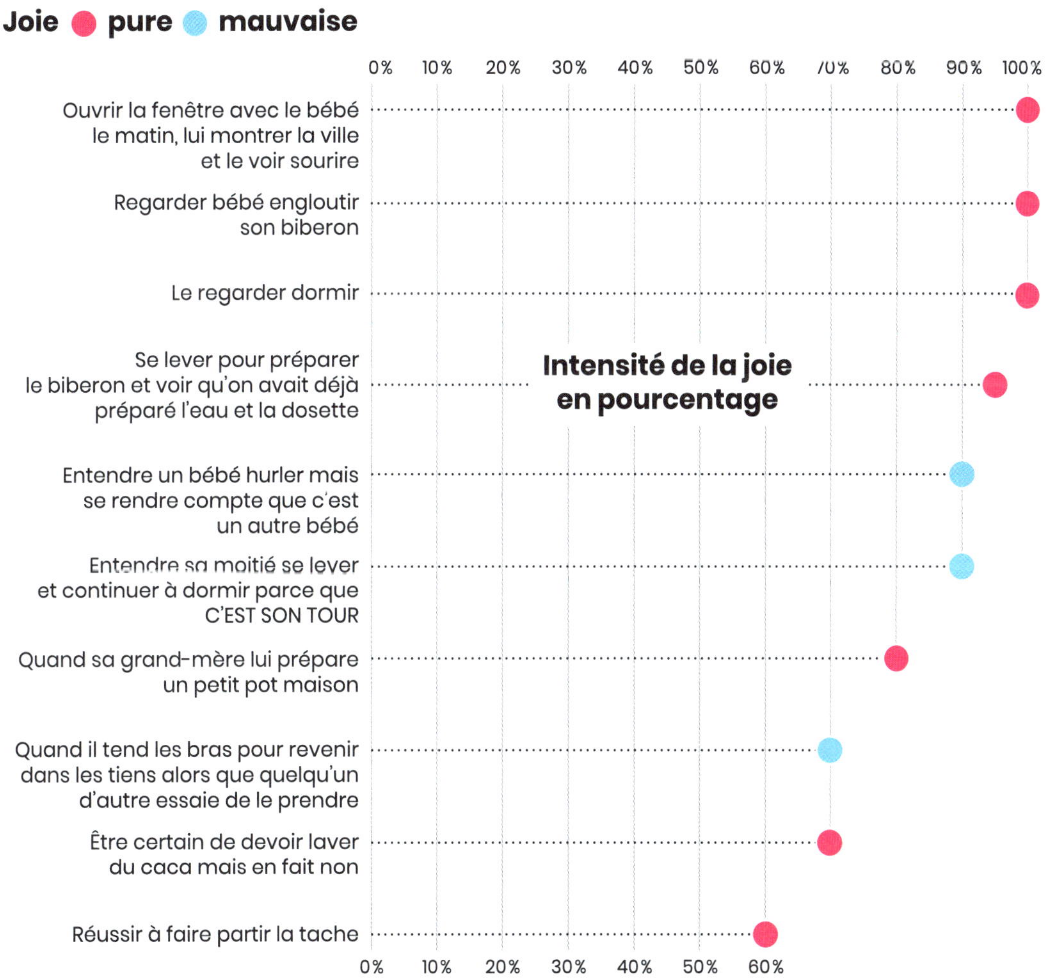

Garrhhh

Expression enthousiaste du ravissement. Se prononce bouche ouverte et avec un grand sourire.

Skills parentaux débloqués au cours du 11e mois
par niveau de difficulté

NIVEAU 5

55%

Réussir à ne pas trop s'inquiéter quand le bébé n'est pas là.

95%

Laver le bébé tout seul dans la douche…

80%

… et dans le lavabo.

NIVEAU 6

90%

Télétravailler tout en gardant un œil sur le bébé.

75%

Faire manger un petit pot sans être recouvert de purée.

35%

Établir une communication verbale avec le bébé.

Schéma d'exploration dans le cadre d'une rencontre avec une tierce personne (adulte ou enfant)

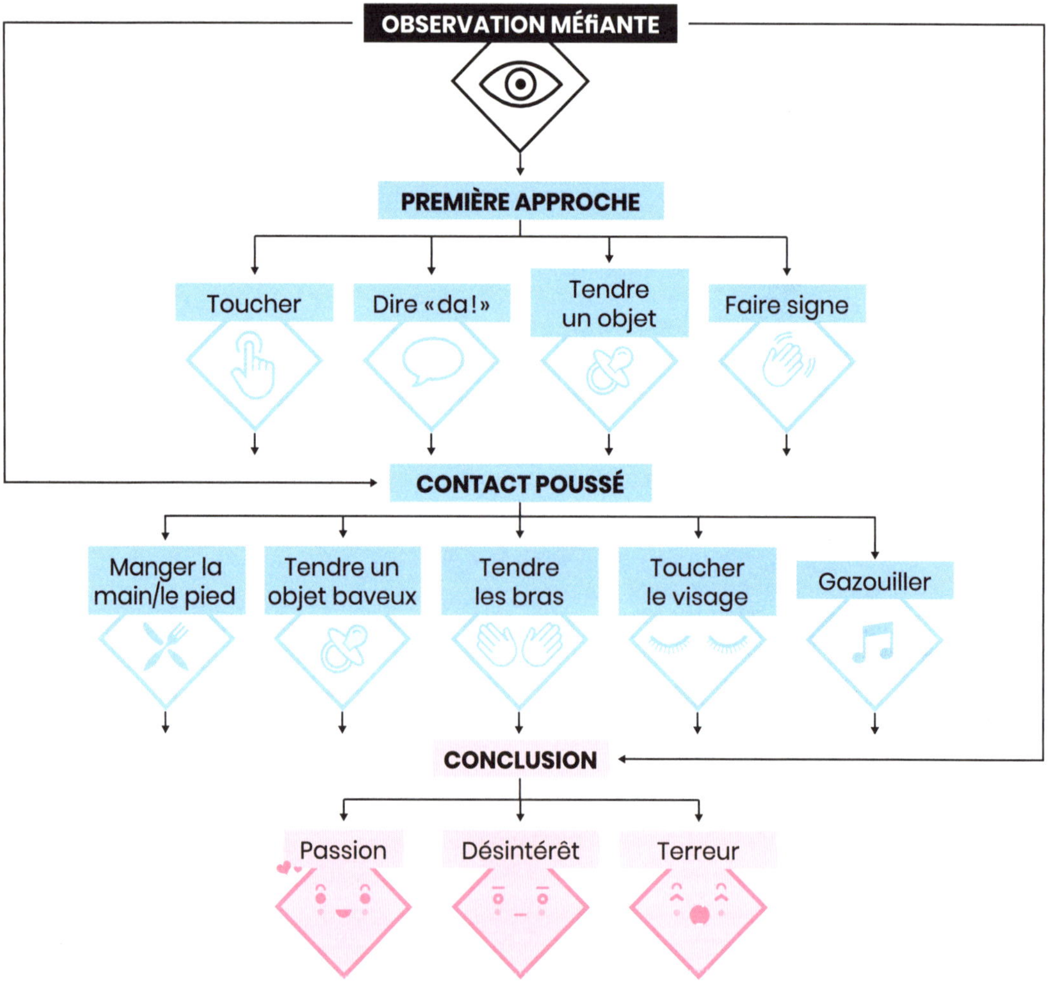

Conseils et vérités entendus depuis 1 an et opinion parentale à leur sujet (liste non exhaustive)

N'achetez pas 1 000 fringues taille naissance, il va pas beaucoup les porter, c'est normal.

VRAI
Anéfé.

Faut laver les fesses à chaque caca dès qu'on peut sinon ça s'irrite, normal, c'est du caca.

VRAI *Tout à fait, ça pardonne pas.*

Normalement, les bébés adorent les quignons de pain.

VRAI *Le nôtre en tout cas.*

Les bébés sont soit physiques, soit dans la communication : c'est normal !

PLUTÔT VRAI
Il communique plus qu'il ne bouge.

Il a le cul irrité, c'est normal ça, c'est les dents.

NON VÉRIFIÉ
Mais le cul est irrité, pour sûr.

Les dents, ça va être terrible, c'est normal.

NON,
finalement non.

Constipé ? Diarrhée ? Normal, c'est une fille/un garçon.

BULLSHIT.

Quel (insérez ici l'adjectif de votre choix), normal, c'est une fille/un garçon.

BULLSHIT.

Haha il est adorable mais attendez voir l'adolescence, vous allez payer, c'est normal !

ON VA VOIR
(mais merci)

2 387

C'est le nombre d'anecdotes avec lesquelles on aurait soûlé nos potes si on n'avait pas eu Le Bébégraphe *pour s'épancher.*

Fierté parentale d'avoir maintenu un bébé en vie depuis…

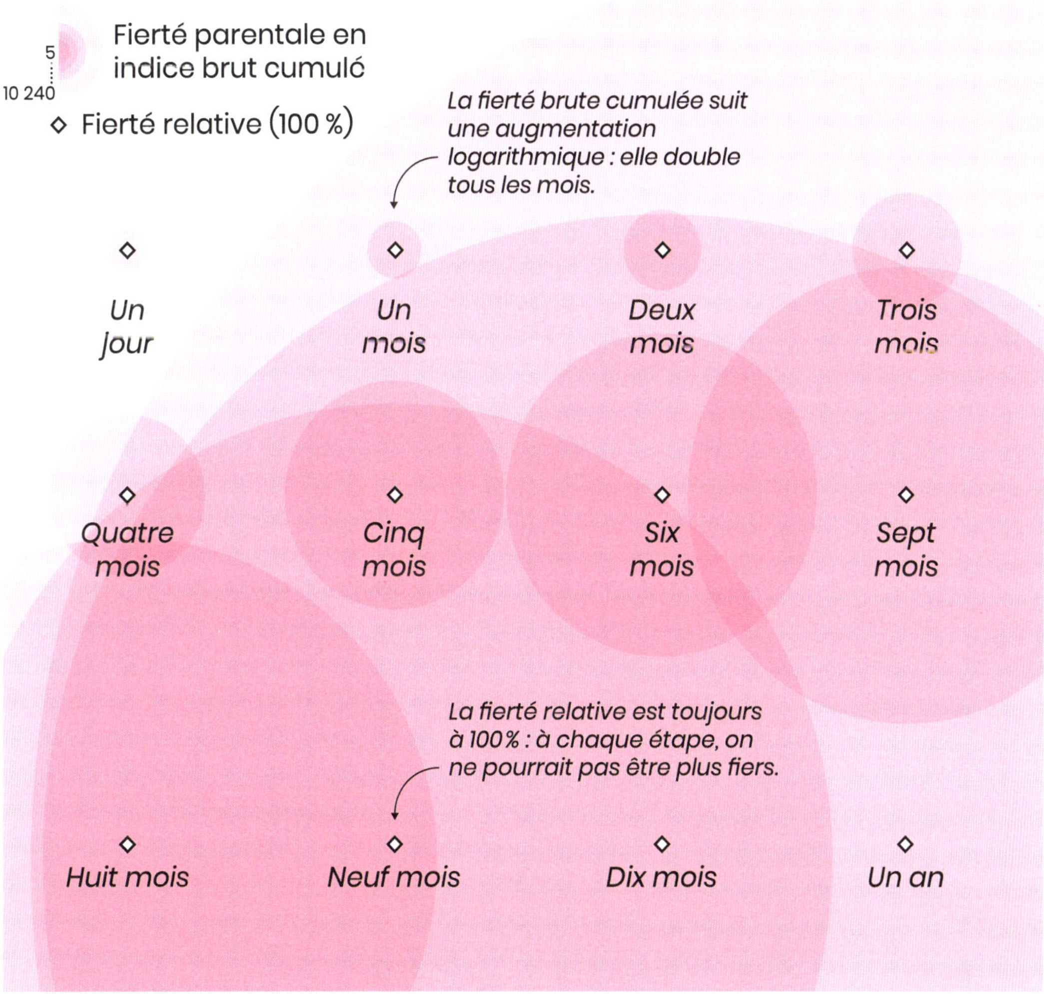

Liste non exhaustive des premières expériences
au cours de la première année de vie

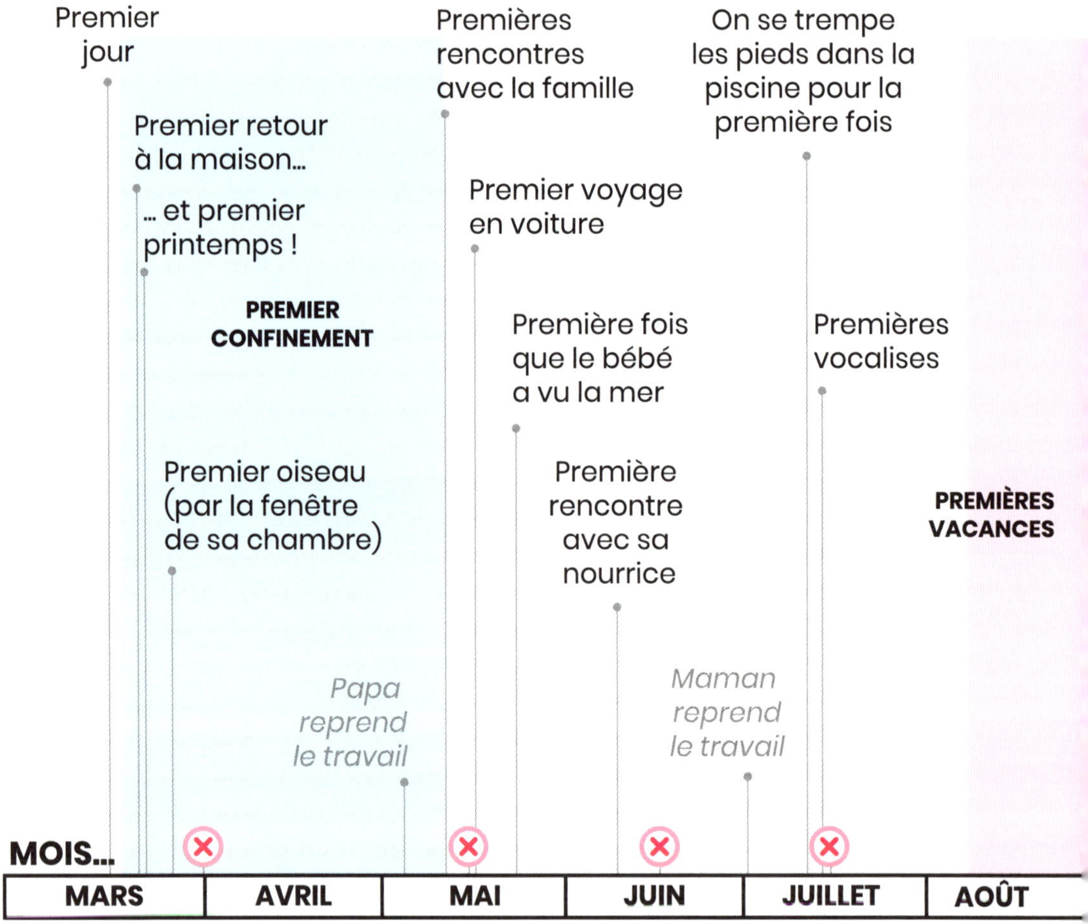

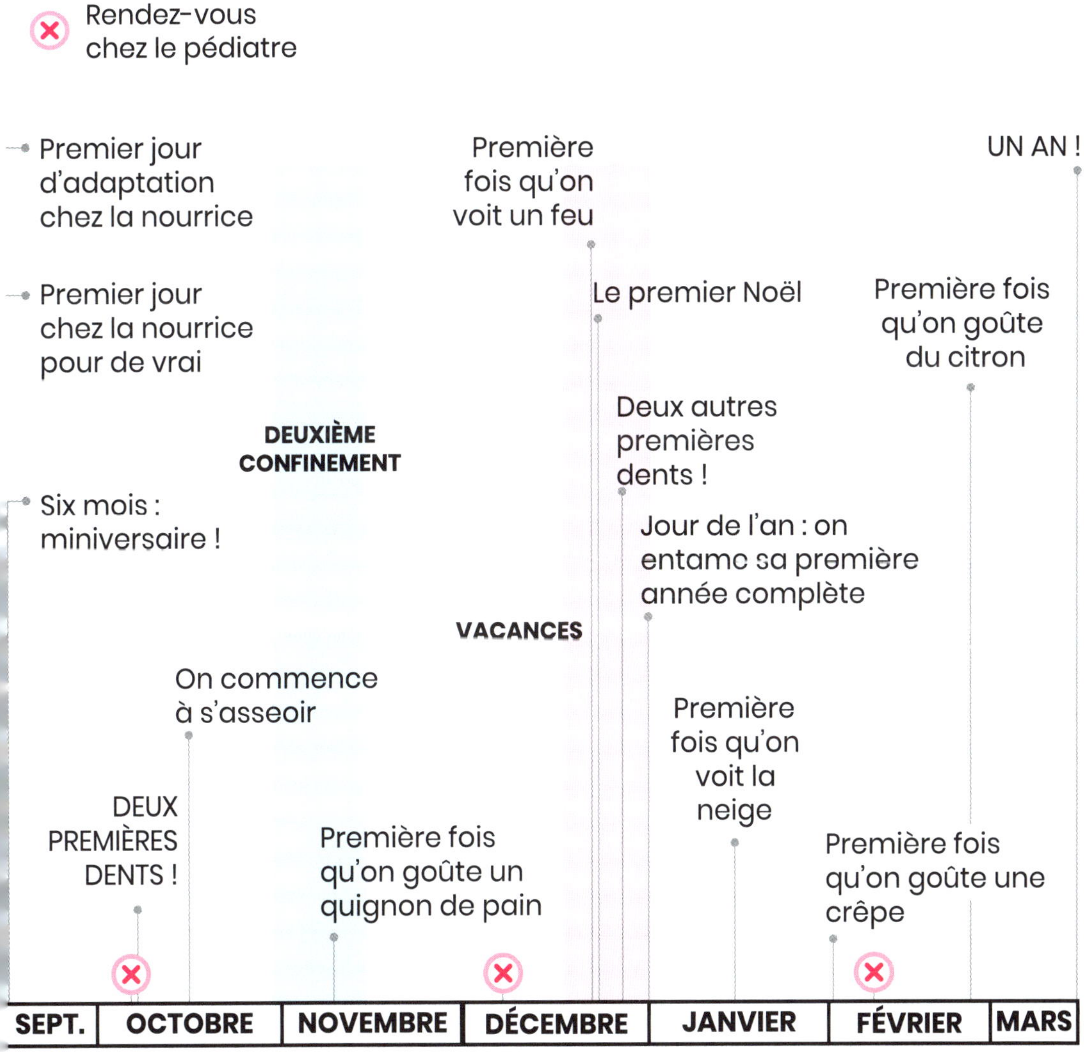
Rendez-vous chez le pédiatre
Premier jour d'adaptation chez la nourrice
Premier jour chez la nourrice pour de vrai
Six mois : miniversaire !
DEUXIÈME CONFINEMENT
On commence à s'asseoir
DEUX PREMIÈRES DENTS !
Première fois qu'on goûte un quignon de pain
Première fois qu'on voit un feu
VACANCES
Le premier Noël
Deux autres premières dents !
Jour de l'an : on entame sa première année complète
Première fois qu'on voit la neige
Première fois qu'on goûte une crêpe
Première fois qu'on goûte du citron
UN AN !
SEPT.
OCTOBRE
NOVEMBRE
DÉCEMBRE
JANVIER
FÉVRIER
MARS

Index

L'EXEMPLAIRE QUE VOUS TENEZ ENTRE LES MAINS
A ÉTÉ RENDU POSSIBLE GRÂCE AU TRAVAIL DE TOUTE UNE ÉQUIPE.

ÉDITION : Jean-Baptiste Bourrat
COUVERTURE ET CONCEPTION GRAPHIQUE : Éric Pillault avec Myosotis Carlier
RÉVISION : Sarah Ahnou et Isabelle Paccalet
MISE EN PAGE : Soft Office
FABRICATION : Maude Sapin
COMMERCIAL : Pierre Bottura
RELATIONS LIBRAIRES : Jean-Baptiste Noailhat et Damien Nassar
PRESSE ET COMMUNICATION : Jérôme Lambert avec Axelle Vergeade
LES ARÈNES DU SAVOIR : Pierre Bottura avec Marc Blactot, Fanny Boldron,
Adèle Hybre et Guillaume Lollier

RUE JACOB DIFFUSION : Élise Lacaze (direction), Katia Berry (grand Sud-Est), François-Marie Bironneau (Nord et Est), Charlotte Jeunesse (Paris et région parisienne), Christelle Guilleminot (grand Sud-Ouest), Laure Sagot (grand Ouest), Diane Maretheu (coordination), Charlotte Knibiehly (ventes directes) et Camille Saunier (librairies spécialisées)

DISTRIBUTION : Interforum

DROITS FRANCE ET JURIDIQUE : Geoffroy Fauchier-Magnan
DROITS ETRANGERS : Sophie Langlais
ACCUEIL ET LIBRAIRIE : Laurence Zarra
ANIMATION : Sophie Quetteville
ENVOIS AUX JOURNALISTES ET LIBRAIRES : Vidal Ruiz Martinez
COMPTABILITE ET DROITS D'AUTEUR : Christelle Lemonnier,
Camille Breynaert et Christine Blaise
SERVICES GENERAUX : Isadora Monteiro Dos Reis

Achevé d'imprimer sur les presses de l'imprimerie Lego S.p.A.
à Vicenza en Italie en mars 2021.

ISBN : 979-10-375-0348-0
Dépôt légal : Avril 2021